U0680002

新时代文化创意产业发展研究

张汝山 著

中国出版集团

研究出版社

图书在版编目（CIP）数据

新时代文化创意产业发展研究 / 张汝山著. — 北京：
研究出版社，2021.8
ISBN 978-7-5199-1043-3

Ⅰ.①新… Ⅱ.①张… Ⅲ.①文化产业－产业发展－
研究－中国 Ⅳ.①G124

中国版本图书馆CIP数据核字（2021）第152411号

出 品 人：赵卜慧
责任编辑：寇颖丹

新时代文化创意产业发展研究
XINSHIDAI WENHUA CHUANGYI CHANYE FAZHAN YANJIU

张汝山　著

研究出版社 出版发行

（100011　北京市朝阳区安华里504号A座）

三河市海新印务有限公司　新华书店经销

2021年8月第1版　2021年8月北京第1次印刷

开本：720毫米×1020毫米　1/16　印张：14

字数：167千字

ISBN 978-7-5199-1043-3　定价：58.00元

邮购地址100011　北京市朝阳区安华里504号A座

电话（010）64217619　64217612（发行中心）

　　随着我国社会经济的发展，人民物质生活水平大为提高，科学技术的应用得以普及，文化的发展也逐步从历史上长期存在的被少数精英知识分子垄断的状况，开始加速走向普通大众，并成为可以被群众大规模接受和消费的商品。文化与经济发展日趋紧密地结合，使文化逐步融入经济，经济发展中日益体现出文化的内容，在产业发展方面尤其如此。文化不仅成为推动与制约产业发展的重要因素，最终自身也成为产业。

　　20 世纪 80 年代以来，文化产业在世界各国迅速发展，被公认为"无烟产业""朝阳产业"。进入 21 世纪以后，随着全球经济的转型升级、技术的突飞猛进，尤其是网络时代的到来，促使文化产业发展得更加迅猛。高技术、高层次的人力资本，智能终端与相应的新兴业态相结合，使文化产业的面貌日新月异，更具有创造力。文化产业与创意产业紧密融合，形成了新的产业，从而出现"文化创意产业"。

　　文化创意产业是以创意为核心，向大众提供文化、艺术、娱乐产品，满足大众精神、文化消费需求的新兴产业，是文化产业中最具创造性和先导性的核心组成部分，是文化产业的高端和龙头产业，是文化与当代先进科学技术、工业结合的产物，是文化产业的创新性产业。在全球经济逐步进入以知识和创意软资源为核心竞争力的时代背景下，文化创意产业正成为一个国家和地区社会经济发展的重要引擎。

据此，作者在总结梳理前人相关研究的基础上，撰写了《新时代文化创意产业发展研究》一书。本书共分为六章，包括绪论、文化创意产业的要素与特质、文化创意产业的融合、文化创意产业的知识产权保护、文化创意产业的财政支持、文化创意产业的人才培养。作者期望通过分析国内外文化创意产业的发展状况，总结出可供我国文化创意产业发展借鉴的经验，为我国各地区文化创意产业的良好发展尽微薄之力。

本书在撰写过程中参考了许多国内外专家、学者的研究成果，在此表示衷心的感谢！由于作者水平有限，书中不妥与错误之处在所难免，敬请广大读者批评指正。

编　者

2021 年 5 月

目
录

第一章

绪　论

第一节

文化创意产业的内涵

一、文化创意产业的基本概念

（一）文化

"文化"是中国语言系统中古已有之的词语。

"文"的本义，是指各色交错的纹理。《周易·系辞下》载："物相杂，故曰文。"在此基础上，"文"又有若干引申义。其一，为包括语言文字在内的各种象征符号，并进而具体化为文物典籍、礼乐制度。《尚书·序》所载伏羲画八卦，造书契，"由是文籍生焉"；《论语·子罕》所载孔子说"文王既没，文不在兹乎"。其二，由纹理之说导出彩画、装饰、人为修养之义，与"质""实"对称，所以《论语·雍也》称"质胜文则野，文胜质则史。文质彬彬，然后君子"。其三，在前两层意义之上，更导出美、善、德行之义，这便是《礼记·乐记》所谓"礼减而进，以进为文"，郑玄注："文犹美也，善也。"

"化"的本义为改易、生成、造化，指事物形态或性质的改变，《庄子·逍遥游》载："化而为鸟，其名为鹏。"《周易·系辞下》载："男女构精，万物化生。"同时，"化"又引申为教行迁善之义。《礼记·中庸》载："可以赞天地之化育。"

"文"与"化"并联使用较早见于《易·贲卦·象传》："刚柔交错，天文也；文明以止，人文也。观乎天文，以察时变；观乎人文，以化成天下。"这段话里的"文"，即从纹理之义演化而来。"天文"，即日月往来交错文饰于天，亦即天道自然的运行规律。同样，"人文"，是指人伦社会规律，即社会生活中人与人之间纵横交织的关系，如君臣、父子、夫妇、兄弟、朋友，构成复杂的网络，具有纹理的表象。这段话的意思是说，刚柔相互交错，为天文；得文明而知止，这是人文。观察天道自然的运行规律，以明了时序之变化；观察人文，使人的行为合乎文明礼仪，并由此而推及天下。在这里，"人文"与"化成天下"紧密联系，"以文教化"的思想已十分明确。

西汉以后，"文化"合为一词，如"圣人之治天下也，先文德而后武力。凡武之兴，为不服也。文化不改，然后加诛。"（《说苑·指武》）"文化内辑，武功外悠。"（《文选·补之诗》）这里的"文化"，或与天造地设的自然对举，或与无教化的"质朴""野蛮"对举。因此，在汉语系统中，"文化"的本义就是"以文教化"，它表示对人的性情的陶冶和品德的教养，本属精神领域之范畴。

随着时间的流变和空间的差异，现在"文化"已成为一个内涵丰富、外延宽广的多维概念，成为众多学科探究、阐发、争鸣的对象。

《辞海》是这样给"文化"下定义的：广义是指人类在社会实践过程中所获得的物质、精神的生产能力和创造的物质、精神财富的总和。

中国文化学者余秋雨先生为"文化"作了定义：文化是一种成为习惯的精神价值及生活方式，它的最终成果是集体人格。

陈华文在《文化学概论》一书中，给"文化"下的定义为：所谓文化，就是人类在存在过程中为了维护人类有序的生存和持续的发展所创造出来的关于人与自然、人与社会、人与人之间各种关系的有形或无形的成果。

再看看国外学者对"文化"的定义。

在18世纪末以前，西方学者关于文化的阐述，主要是指"自然成长的倾向"及据此类比人的培养过程。19世纪，文化用来指"心灵的某种状态或习惯，与人类完善的思想具有密切的关系"。19世纪末，文化是指"一种物质上、知识上和精神上的整体生活方式"。

1952年，美国文化学家克罗伯和克拉克洪在《文化：概念和定义的批评考察》一书中，对西方1871—1951年关于文化的160多种定义作了整理与评析，并在此基础上给文化下了一个综合的定义：文化由外显的和内隐的行为模式构成，这种行为模式通过象征符号而获致和传递。文化代表了人类群体的显著成就，包括它们在人造器物上的体现；文化的核心部分是传统观念，尤其是它们所带来的价值观；文化体系一方面可以看作活动的产物，另一方面则是进一步活动的决定因素。这一文化的综合定义受到普遍认同，有着广泛的影响。

在给出以上定义的基础上，笔者认为，文化是人类在社会实践过程中产生的物质财富和精神财富的总和。

（二）创意与文化创意

要厘清"创意"的概念，我们必须先看看"创新"一词的理论发展脉络。

1912年，美国经济学家熊彼特出版的著作《经济发展理论》中，首次提出了影响深远的创新理论，熊彼特所说的"创新"是一种从内部改变经济的循环流转过程的变革性力量，本质是实现生产要素和生产条件

的一种新组合。而后观念创新、技术创新、制度创新、组织创新等都被包括到"创新"中来，创新经济理论迎来了大发展时代。

1986年，美国经济学家罗默出版的《收益递增与长期增长》一文中指出，新创意会衍生出无穷的新产品、新市场和财富创造的新机会，所以创意才是推动一国经济成长的原动力。

可以看出，在创新理论中，"创意"比"创新"更具有概念的预设性，其意义却与"创新"密不可分，"创意"是指一种带来新事物的能力，"创新"是指带来新事物的可标记结果。所以从广义上讲，"创新"应该是"创意"的派生物，是付诸实践的"创新"的意识。"创意"就是具有新颖性和创造性的想法，而且能够通过创意创造出更大的效益，包括物质效益和精神效益。

这种理解既满足文化经济学家普遍认为的——创意就是对文化艺术领域的创新，也满足一般创新理论中对创新的理解。但我们也应该看到，在理论意义上，尤其是在我国进入文化创意历史新时代的当下，最好把"创意"界定为一种具有审美意义的不断创造和不断创新。以此类推，文化创意既指在文化这个领域内创新的过程，也指文化创新的成果。

（三）文化产业

"文化产业"（cultural industry）的概念包括两个层面：一是哲学意义的，二是经济学意义的。前者的概念构成最早可追溯到1944年，德国法兰克福学派的霍克海默和阿多诺的《文化产业：欺骗公众的启蒙精神》一文认为，文化产业是一种标准化的过程，其生产的产品就像其他商品一样出于同一种模式，其产品已经失去了文化的内涵，而且束缚了大众的思想，成为统治阶级的工具。由此可以看出，法兰克福学派对文化产业持有一种强烈的批判态度。后者是指一种经济体系或是新兴发展模式。

随着社会经济和文化产业自身的不断发展和完善，"文化产业"这一概念慢慢变为中性。其中，联合国教科文组织把文化产业定义为：按照工业标准生产、再生产、储存以及分配文化产品和服务的一系列活动。从这个定义中，我们还是可以找到"文化工业"的影子。

我国最早的"文化产业"定义出现在 2003 年，文化部《关于支持和促进文化产业发展的若干意见》对文化产业作了如下界定："文化产业是指从事文化产品生产和提供文化服务的经营性行业。"2018 年 4 月 2 日，国家统计局颁布的《文化及相关产业分类》又进一步明确了文化产业的内涵和范围。该文件指出，文化产业"是指为社会公众提供文化产品和文化相关产品的生产活动的集合"。它的生产活动范围包括：①以文化为核心内容，为直接满足人们的精神需要而进行的创作、制造、传播、展示等文化产品（包括货物和服务）的生产活动，具体包括新闻信息服务、内容创作生产、创意设计服务、文化传播渠道、文化投资运营和文化娱乐休闲服务等活动。②为实现文化产品的生产活动所需的文化辅助生产和中介服务、文化装备生产和文化消费终端生产（包括制造和销售）等活动。

从以上文化产业概念的发展可以看出，随着生产力的发展，特别是作为生产力重要组成部分的文化生产力的迅速发展，文化生产已经摆脱了自给自足、自娱自乐的自发性阶段，进入与产业化、科技化、市场化相伴而生的新的发展阶段。

（四）创意产业

一般认为，"创意产业"（creative industry）的概念首先是由英国作为一项国家发展政策提出的。布莱尔当选英国首相以后，于 1998 年成立了

"创意产业特别工作组"，该小组将"创意产业"定义为"源于个体创意、技巧及才能，通过知识产权的生成与利用，而有潜力创造财富和就业机会的产业"。"创意产业"的概念在英国被正式提出后，在几年内就迅速地被欧洲、美洲、亚洲等许多有意发展创意产业的国家和地区略作调整后采用，并将其作为一种发展战略进行大力推广。

（五）文化创意产业

"文化创意产业"（cultural and creative industry），顾名思义包含文化、创意、产业3个内容，分别代表文化创意产业既有区别又相互关联的3个阶段，三者共同构成文化创意产业的内涵。文化和创意本身不能直接变成财富，它们必须经过一个技术化和产业化的过程，成为市场上受欢迎的商品和服务。以创意为核心，向大众提供文化、艺术、精神、心理、娱乐产品的新兴产业，是文化产业中最具创造性和先导性的核心组成部分，是文化产业的高端，是文化产业的创新性产业。

在对概念的选择上，笔者认为，由于文化创意产业概念并不涵盖科学技术上的创造发明，而专指文化领域中的创新，因此，文化创意产业可以定义为：一种基于文化元素创意需要，由高科技、规模化生产成高附加值产品的产业。

（六）创意产业、文化产业、文化创意产业的联系

1. 关于创意产业和文化产业的关系

有学者认为创意产业是对文化产业的细化和深化，或者说是一种"超越"。如荣跃明在《超越文化产业：创意产业的本质与特征》一文中写道："从创意产业与文化产业的关系看，创意产业脱胎于文化产业，某种意义上可以说是艺术生产的一种业态。……在价值链的连接中，创意产业

始终处于文化产业的上游。"

但在大多数学者的文章中，还是默认这两个概念实际上并不存在什么实质性的差异，而且它们所包含的范围也基本一致。如薛永武在《关于文化与文化产业研究的几个理论问题》中指出："创意产业无论是什么内容，都属于观念形态的文化……文化产业中的'文化'本身又是一种观念形态，是区域经济与产业经济文化创造者创意的感性显现，因而文化产业又可以称为创意产业。"值得注意的是，在赢得1997年大选胜利以前，英国工党的相关文件中一直都使用"文化产业"这个概念。但在大选胜利之后，"文化产业"就被"创意产业"所代替。英国这种将"文化产业"迅速转变为"创意产业"的做法，在某种程度上是为了制定文化政策的需要，带有很强的政治色彩。其实，英国所定义的创意产业，实质上就是文化产业，只不过"创意产业"一词更加突出强调了文化产业中的创意特性，侧重点不同而已。

2. 关于创意产业和文化创意产业的关系

虽然我国有学者直接用创意产业的概念来界定文化创意产业，如潘晓曦的《对文化创意产业的几点认识》、陈珏宇的《国外文化创意产业发展述评》等，但多数人认为，"文化创意产业"是指依靠创意人的智慧、技能和天赋，借助于高科技对文化资源进行创造与提升，通过知识产权的开发和运用，产生出高附加值产品，具有创造财富和就业潜力的产业。从这种定义的倾向，我们能清晰地感觉到"文化创意产业"与"创意产业"的相似程度。

创意产业与文化创意产业的内涵极为相似。但在理解文化创意产业的内涵时，也有部分学者认为"文化创意产业"一词中"产业"是由"文化"和"创意"作为并列的定语来共同修饰的，即"文化创意产业"是"文

化产业"和"创意产业"的总和，既是文化和科技的融合，也兼容并包了传统文化与现代文化。如奚建华在《从文化产业到文化创意产业：现实走向与逻辑路径》一文中提到："文化创意产业是文化、经济和技术等相互融合的产物。它以创意作为核心驱动力和根本标志，在价值链发展的最顶端，促动和形成各种创新要素的积聚，打破传统第二、三产业的界限，实现对不同行业、不同部门和不同领域的重组与合作，形成融合多种产业内容、产业流程的混合型、创新型产业形态。"

3. 关于文化产业和文化创意产业的关系

在我国，从内涵来看，文化产业主要从产业的角度、从所提供的产品及服务的精神文化性质着眼，只要是为社会公众"提供文化、娱乐产品和服务"、满足人们精神文化需求的产业，都是文化产业。而文化创意产业，除了服务于个人的精神文化消费需求外，还明显突出"生产性服务业"的性质，即服务于在生产领域提升产品附加值、在经济发展中提升产业结构的要求。显然，"文化创意产业"比"文化产业"在内涵上的限定程度更高。

从外延来看，文化产业与文化创意产业外延不同但又有一定的交叉。2004 年 4 月，国家统计局发布的《文化及相关产业分类》中将文化产业分为三个层面：一是文化产业核心层，包括新闻服务，出版发行和版权服务，广播、电视、电影服务，文化艺术服务；二是文化产业外围层，包括网络文化服务、文化休闲娱乐服务，以及其他文化服务；三是相关文化产业层，包括文化用品，设备及相关文化产品的生产与销售。根据我国实际，我国文化创意产业的外延范围包括与文化事业相对应的文化产业、设计产业、体验产业和旅游业。可见，文化产业概念的划分更侧重于产出和公众服务的角度，在外延上所涵盖的门类与文化创意产业有一定的交叉，但是涉及面相对要窄一些。

4．文化创意产业与创意产业、文化产业三者的联系

（1）无论是"文化产业"，还是"创意产业"，都在新经济时代有着自身无法概全的局限性，只有结合两者所长，才能厘清这个概念的真实意义；我国在命名上采取"文化创意产业"，正是出于这样的目的。有学者将"创意产业"分为"文化创意"和"科技创意"两大部分，其实也是基于这样的目的。因此，在命名的倾向上，我国更认同"文化创意产业"。

这个概念之所以能够存在和流行，一是因为它集文化产业与创意产业这两个概念于一身，涵盖了更为广阔的文化经济活动，在中国语境里有弥补文化产业概念不足的意义，强调其产业的经济价值主要由文化价值来决定；二是因为更加重视设计业作为一个整体在文化创意产业中的高端地位和重要价值。

（2）从本质来讲，文化产业、创意产业与文化创意产业并无真正的实质区别，三者间的"同"远远要大于"异"——这尤其可以从我国香港特别行政区政府历经"创意产业"到"文化创意产业"命名变革上得到佐证。

从文化产业与创意产业、文化创意产业三者的联系中，我们能清楚地知道，"文化创意产业"的提法，更凸显了文化和创意的核心内涵，涵盖了更为广阔的文化经济活动，在中国语境中弥补了文化产业概念的不足，主要体现在更加注重创意源头的作用，更加注重产业链的意义，强调产业的经济价值主要由文化价值来决定。同时，"文化创意产业"也对文化产业和创意产业进行了力所能及的融合与沟通。

因此，文化创意产业的定义有更深远的内涵。首先，文化创意产业是生产创意产品的企业集合，创意产品是作为无形资产的创意渗透于生

产过程所创造出的具有象征价值、社会意义和特定文化内涵的产品或服务。其次，文化创意产业不仅强调文化和艺术对经济发展的支持与推动，也涉及经济与文化的互动性与互补性，保证经济与文化的一体化发展。它的发展和延伸领域极其广泛，不仅包括了传统产业，还拓展了新的知识经济的产业内涵。最后，文化创意产业所体现出的空间差异性较强，许多类型的创意产品在偏好各异的消费者眼里总是和特殊的地理位置联系在一起，如巴黎的时装、伦敦的歌剧、纽约的百老汇等。

文化创意产业的兴起和发展是当代经济、文化、科技融合发展在产业层面的具体表现。它以其独特的形态演变和运行方式与其他产业发生广泛而复杂的联系，极大地影响一个城市、一个国家的经济运行和社会文化发展。借鉴世界各国创意产业分类，立足于我国的行业划分标准，可以将我国文化创意产业分为以下4类：一是文化艺术，包括表演艺术、视觉艺术、音乐创作等；二是创意设计，包括服装设计、广告设计、建筑设计等；三是传媒产业，包括出版、电影及录像带、电视与广播等；四是软件及计算机服务。

二、文化创意产业的模式与功能

（一）文化创意产业的发展模式

文化具有区域性和传承性，不同民族、地区的文化形态也各具特色，所以文化创意产业的构成模式因国家、地区的不同，呈现出各异的成长模式。大致可以分为以下几种类型。

1. 政府引导型

政府引导型是指由政府积极推动文化创意产业发展的类型。在这一类型中，政府在文化创意产业的产生和成长中发挥重要作用，对其进行多方面的支持和引导，代表国家有英国、日本、韩国、新加坡等，其中又以英国最为典型。

从英国的经验分析，英国创意产业的蓬勃发展与政府的极力推动关系密切，政府对创意产业的高度重视和提供相关的政策支持为创意产业的迅速发展铺平了道路。1997 年，为了振兴经济，英国政府提出发展创意产业的策略，首相布莱尔上任后，亲自担任创意产业特别小组主席，积极推动文化创意产业的相关工作，把其作为振兴英国经济的重要内容，明确提出了文化创意产业的概念和产业分类，并提出政府为支持文化创意产业而在从业人员的技能培训、企业财政扶持、知识产权保护、文化创意产品出口等方面应做出积极努力。相比较而言，英国政府的创意产业政策，是目前国际上产业架构最完整的文化创意产业政策之一。

从产业发展实践效果来看，创意产业成为英国多年来发展最快的产业之一。从 1997 年开始的 10 多年，英国经济总量增长了大约 70%，而创意产业增速则达到 94%，为英国提供了 198 万个工作岗位，雇用了全国 4.3% 的人口，使得创意产业成为英国就业人口的第一大产业和产值仅次于金融服务业的第二大产业。与大多数传统产业的成长模式不同，文化创意产业承载了较多经济利益之外的职能，作为一种新兴产业，对于大多数国家和地区来讲，十分需要政府从宏观的层面给予积极的引导，同时通过各种政策予以大力扶持，健全产业运作体系，规范市场秩序，帮助微观主体合理有效地配置资源，这是产业成长中的内在需求，也是政府角色定位的正常领域。

2. 市场主导型

市场主导型与政府引导型产业发展模式不同，在文化创意产业发展相对发达的经济体中，市场的力量得到更多的强调和重视。市场主导型

发展模式是指市场在文化创意产业的生成中起着关键作用的类型。在这种类型的文化创意产业的发展过程中，市场是实施主体和主要推动者，产业相关方普遍遵循贸易自由和市场开放的理念，这其中以美国版权产业的发展最具代表性。

当前，美国的市场经济发达，交易平台和相关的制度也较完善，资金、人才、信息等关键要素自由流动，为文化创意产业提供了良好的环境。资金雄厚的企业选择投资文化创意产业，以市场为主导，就会迅速带动区域经济的发展，从中获取高额的商业利润和良好的品牌效益。迪士尼、时代华纳及好莱坞等企业的市场运作都极为典型和成功，据1996年的数据表明，美国电影产量仅占世界电影产量的6%，而在世界电影市场的总体占有率却高达80%。

需要特别提出的是，政府与市场的关系一直是经济学界争论的焦点问题之一，也是各经济体在长期实践中很难把握的困局问题。在美国，凯恩斯主义的积极干预思想从来就没有消失过，其文化创意产业的高度繁荣也并非纯粹的市场自发行为，不能忽视其战后20多年黄金增长期的积淀；而英国的政府引导型发展模式突出的是"引导"二字，市场仍然是产业成长的主体。因此，文化创意产业在发展中对政府和市场的双重依赖是无法避免的，而政府的行为空间或许更多地取决于其长期的行为习惯和市场的完备程度。

3. 传统文化保护型

文化作为一种产业的发展历史并不长，但文化本身却是与人类社会的进步相伴而存在的，甚至可以说人类发展史就是一部人类文化发展史。对于人类自身来说，如何保护地区的多元文明与历史文明遗产，已经超越了国别或民族的单一行为，成为全人类历史文明的重大议题。文化创意产业发展中的传统文化保护型模式，即是依据本地区的传统文化、建筑、工艺与人文资源等进行传统艺术或遗产文明的保护性移植、复制与传承发展起来的。

在这一模式中，地区原有的文化艺术、传统、人文建筑、自然景观等文化符号起了关键性的作用，法国就是这一类型的典型国家。众所周知，法国是世界上著名的旅游国家，具有悠久的历史、深厚的文化底蕴，卢浮宫、埃菲尔铁塔、巴黎圣母院、凯旋门等诸多历史遗址吸引着无数游客奔向这个富有浪漫气息的国度，可以说，文化休闲旅游业是法国文化创意产业中最为成熟的行业之一，其价值链就是以丰富的文化资源为依托，带动吃、住、行、游、购等一系列相关产业庞大的经济收益链条。

中华民族有着 5000 多年的文明史，在这片 960 万平方公里的国土上所拥有的文化遗产难以计数。改革开放以来，漓江、敦煌、平遥等文化地域每年都吸引大量的国内外游客，依托这些传统文化遗迹，在保护的基础上积极发展创意经济新形态，不仅对保护中华传统文明这种不可复制的人文资源有着重要作用，也是我国产业结构调整优化的重要突破口。

4. 创意阶层集聚型

通过"创意阶层集聚"这种方式成长起来的文化创意产业是原生态的经济形态，创意工作者在其中起着主导作用。创意工作者出于创作或资金的考虑，往往选择废弃的厂房、仓库等地区作为创作地点。他们多以个人画廊、工作室为主，进行艺术创作、作品展示、技艺交流、作品售卖。这种富有激情和自由的氛围吸引了艺术商人的青睐，以及特色酒吧、餐厅、画廊、书店的落脚入驻，随着时间的推移，特色的文化

氛围和生机勃勃的艺术家街区逐步形成，并对周边经济的发展起着积极的推动作用。

创意阶层集聚型的主要代表是闻名于世的美国纽约的SOHO区。SOHO并不是一个独立的社区，而是与西村、格林威治村及小意大利合在一起成为曼哈顿岛的第二区。2010年的SOHO是个商业区，有近600家各具特色的百货服装店、饰品店。以SOHO中心区的百老汇大道为例，特色店有50余家，经营范围包括珠宝、服饰、化妆品、家居用品、文具及百货等；各式餐馆逾100家，囊括了世界各地的风味美食和高级主题餐厅。

中国的文化创意产业发展历程较短，甚至可以说刚刚起步，能够追赶世界潮流的艺术家数量还比较有限，而能够引领时代的创意人群更是凤毛麟角。但这并不意味着创意阶层聚集型的发展模式在中国没有用武之地，近几年在国内出现的上海苏州河畔艺术仓库区、昆明的"创库"、北京的798艺术区等，都是中国的艺术家在本土尝试这一模式的先声，相信勇于探索就会有成绩。

5. 社区合作型

在区域性文化创意产业发展中，无论是政府、市场、社会团体，还是艺术家阶层，单方面的力量都是有限的，将多种主体凝聚在一起共同推动产业发展的模式被称为社区合作型。具体来讲，社区合作型是指在公共发展的区域政策指导下，调动财政、税收、金融、补贴、科研、规划等政府力量的同时，充分发挥市场、社会、企业等各方力量，制订出可持续发展与提升区域竞争力的计划，并通过改善基础设施、促进交通、吸引各国各地创意阶层共同参与，形成复合型的区域创新商业模式。

（二）文化创意产业的主要功能

1. 文化创意产业的经济功能

在知识经济的背景下，文化创意不仅是走出危机的先导产业，也是经济实现加快发展的新战略，而且已成为改变世界的重要力量。

文化创意产业属于创新型业态，是指依靠创意人的智慧、技能和天赋，借助于高科技对文化资源进行创造与提升，通过知识产权的开发和运用，产生出高附加值产品，具有创造财富和就业潜力的产业，对加快经济创新具有积极的促进意义。

2008 年，在国际金融危机中，文化创意产业成为经济寒冬中的一股暖流。数据显示，当各地经济出现负增长的同时，创意产业则呈现良好的发展态势，许多地方创意产业增速普遍高于当地经济增幅。各国经济为应对危机促进经济复苏，把发展文化创意产业作为推进创新和调整产业结构的重点领域，引领经济复苏的新战略。

综观世界经济发展的实践，不难发现，在知识经济的背景下，文化创意不仅是走出危机的先导产业，也是经济实现加快发展的新战略，而且已成为改变世界的重要力量。任何一场经济危机发生之后，总需要由创新带来突破，发现新市场并战胜困难。20 世纪 30 年代经济大萧条时，工业领域率先突破、力挽狂澜；1998 年东南亚金融危机爆发时，IT 和内容产业异军突起，逆转了经济下坡路；2008 年的金融危机，文化创意产业逆势崛起，不但成功地化危为机，促进区域经济增长的创新战略，也为大中华地区开启了一条走向创新的发展之路。

经过40多年的改革开放和发展，中国成了世界制造业大国，但在"中国制造"的盛名之下，要清醒地认识到低端制造模式的不可持续性。目前，我们正面临劳动力成本上升、环境资源等"瓶颈"的约束，中国传

统制造业正面临一场转型和升级的严峻考验。大中华地区要在国际产业竞争中立于不败之地，必须改变"中国制造"之困境，唱响"中国创造"之品牌，加快实现从制造到创造的新跨越。

从文化创意产业的功能来看，文化创意是促进产业转型的重要途径。文化创意产业倡导开发人类创造力、解放文化生产力、提升产业竞争力、增强国家软实力，强调创意和创新，强调把文化、技术、产品和市场有机结合起来，不仅能够为人们提供文化含量较高的产品和服务，满足人们的精神需求，形成新的消费市场，更重要的是还可以和其他产业融合发展，促进产业创新和结构优化，有效地推动中国的经济转型和经济创新。

随着人们生活水平的不断提高，消费者往往不再满足于商品本身的使用价值，而更关注商品中的观念价值，即其中被注入的文化要素。文化创意产业正是通过观念、感情和品位的传达，赋予传统意义的商品某种独特的"象征意义"，提升其文化附加值，从而满足人们的精神需求和个性化消费，并加快促进消费增长。

2.文化创意产业的社会功能

利用中华文化元素和价值理念发展文化创意产业，既能够使大中华地区以鲜明的文化特征区别于世界其他地区，又能增强区内中华儿女的文化认同感。

发展文化创意产业不仅能共享共赢，还将加深区域间的交流合作，大大增进文化认同，增强民族凝聚力，共同为大中华地区同胞谋福祉，为两岸谋和平，为中华民族谋复兴。

文化是大中华地区血脉相连的纽带，如果说经济合作像手携手，文化交流就是心连心，文化创意产业融合了经济和文化，其发展必将进一步促进大中华地区的文化认同，增强中华民族的凝聚力。

从文化层面来看，大中华地区发展文化创意产业，首先是彼此间文化的认同与合作。比如："和"文化是中华文化的精髓，通过"和谐""和睦""和美""和顺""和悦"等的创意发展，既可以加深中华民族的血肉联系，也有助于强化中华文化精神的弘扬和传承。从产业层面来看，发展文化创意产业，对于开辟中华民族共同创造和积累财富的新路径，提升中华民族整体经济实力，增强大中华地区的国际竞争力也不无裨益。

3. 文化创意产业的文化功能

随着现代化进程的加快，许多传统文化濒临灭绝，而文化创意产业利用高科技和多媒体等创新手段将传统文化中的精髓延续下来，既有效地传承，又在内容或形式上有所创新。中华文化是大中华地区共同的情感记忆、精神遗产，发展文化创意产业，有利于推动大中华地区文化创新力、文化影响力和文化吸引力的整体提升。

中华文化创新力的提升是基于对传统优秀文化的创新性传承、对外来先进文化的包容性吸收，以及对历史文化资源的创意性转化。传统文化只有在创新中传承，才能得到发扬光大。大中华地区发展文化创意产业，就是促进中华文化的创新创意性发展，是对中华传统文化赋予现代阐释，使其在服务当代人的文化精神需求中焕发出新的生命力。

发展文化创意产业不仅需要增添新的内容，而且需要对异质文化的吸收和融合，这种融合性不仅体现在产业运作上，还体现在对文化内容和形式的重新编码和整合上，有利于推动中华文化的价值创新，进一步优化中华文化基因。为此，我们应以包容和开放的胸怀来吸纳和借鉴其他民族的先进文化，扩大国际文化创意的交流，从而拓展创意空间、提升创新能力。

中华文化是一个巨大的财富宝库，只有提升创意转化力，才能将资源优势转为经济优势，并借势扩大中华文化影响力，这其中的关键环节就是对历史文化资源的创意性转化。

那么，如何增强中华文化的吸引力，展示其独特魅力呢？不二法门还是要借助现代高新科技成果，大力发展文化创意产业，推进文化交流和传播手段的升级换代，改造传统文化的生产经营和传播模式，促进传统艺术样式的升级换代。例如，故宫正积极以互联网技术、数字技术为平台向公众展示众多文物藏品。目前，已开发"每日故宫"App产品，建立数字博物馆，通过VR影院、《我在故宫修文物》纪录片等创意产品，深挖故宫优秀传统资源，让文化遗产在当代真正被激活，实现复兴。

文化创意产业通过美学符号的诠释，既塑造了区域文化的个性，也增强了城市的文化吸引力。文化创意产业与旧城区改造形成有机互动，有利于历史文化遗产的保护和城市文化品位的提升。一方面，保留具有历史文化价值的建筑，可以避免城市文脉的中断，使得历史与未来、传统与现代、东方与西洋、经典与流行在这里交叉融会，为城市增添历史与现代交融的文化景观，给人以城市的繁华感、文化底蕴的厚重感和时代的生机感；另一方面，孕育新的产业业态，避免产业的空心化，对城市经济的更新和持续发展，以及就业率的提高等产生了巨大的推动作用。例如，2012年上海100多个创意产业集聚区中，有2/3都是由20世纪中期上海工业大发展时建造的厂房、仓库改造而成，比如M50、8号桥、田子坊、红坊等。又如，被列入《世界文化遗产名录》的澳门历史城区，保存了百年中西文化交流的历史精髓，展示了独特的文化魅力，而澳门的望德堂区仁慈堂婆仔屋经重新改造也成为创意产业区，这些文化创意空间将为澳门吸引更多的游客。

三、文化创意产业的发展意义

（一）发展文化创意产业有利于中国产业结构调整

产业结构升级换代是经济发展的必然趋势。全球化时代以前，产业结构的升级换代主要是以时间序列进行纵向递进，即随着一国经济的发展，就业人口、经济比重等沿着第一产业、第二产业、第三产业的顺序向前推移。随着全球化时代的来临，产业结构开始按照空间序列进行重新调整。发达国家越来越倚重知识密集型、资本密集型、技术密集型产业，而将劳动密集型、低附加值产业向发展中国家转移。在一定程度上说，中国"世界工厂"地位的形成便是国际产业分工的结果。

20 世纪末以来，随着世界经济的发展和高科技的突飞猛进，全球产业结构调整的步伐进一步加快。面对迅猛而来的科技创新与产业革命，各主要国家和地区都在加速制定产业发展战略，以占据产业升级的制高点。在这种情况下，大力发展知识密集型、附加值高的文化创意产业，无论是对中国产业结构的整体调整而言，还是对中国文化创意产业的结构调整而言，都具有不可忽视的重要意义。

对中国产业结构的整体调整而言，文化创意产业有利于优化中国整体产业结构，提升第三产业在国民经济中的比重。对中国文化创意产业的结构调整而言，文化创意产业有利于提升文化产品的附加值，优化文化产业内部结构。目前，我国的文化产业仍以传统的演出业、影视业、音像业、广告业为主体，在发达国家已广泛开展的创意设计产业、动漫产业、网络游戏业等数字产业在我国仍处于起步状态。我国的文化产业结构还处于落后的传统文化产业阶段，要改变这种产业结构，只有大力发展文化创意产业，才能赢得文化产品的高附加值，赢得高额回报。

（二）发展文化创意产业有助于提升中国制造业的核心竞争力

文化创意产业的发展不仅能够带来巨额的直接经济利润，还能对良好创意形成孵化作用，通过创意的促发，增加产品的附加值，获取品牌效应，对中国制造业核心竞争力的提升起到积极的推动作用。发展文化创意产业输出文化产品，借助中国文化推销中国"品牌"，并以增加产品中的文化和科技含量来提升产品品位，依托海外华人圈，培育消费中国"品牌"的消费者，树立消费中国"品牌"的观念，提高国内外市场对中国"品牌"的认同感和信任度，使得中国从"制造大国"向拥有自主知识产权的"品牌"地位提升，进而借助文化竞争力立足世界市场。在此进程中，文化创意产业是否具有竞争力将起到不可低估的作用。

（三）国际形象意义

在全球文化竞争日益激烈的今天，要提升一国文化的国际竞争力，必须将潜在的文化资源转化为文化资本。《辞海》对"资源"的解释是："资财的来源，一般指天然的财源。"作为财富的来源，资源仍然处在潜在的境况之下，只有将资源转化为资本，文化才能够带来巨大的直接经济效益。

文化产业如果不以创意为核心，文化资源再丰富，也不会成为文化创意产业大国。我国有 5000 多年没有中断的历史文明，是传统文化资源大国。在文化经济化发展的过程中，我们必须认识到，文化资源优势并不能天然地转化为产业发展优势，要变文化资源优势为产业优势，必须经过创意的促发与激活。只有经过一定形式的再创造，才能成为具有丰厚知识产权的文化产品。创新、创意能力的强弱才是决定文化资源占有多寡和开发利用成效大小的关键。相反，文化资源相对缺乏，也不一定不会成为文化创意产业大国。我们要将 5000 多年的丰富文化资源转化为产业发展的资本，就必须大力发展文化创意产业。

四、国内文化创意产业的发展现状

当前，我国文化创意产业发展迅速，我国是世界文化大国，但与国际上文化创意产业强国相比仍存在一定的差距，分析我国文化创意产业发展的现状，找出我国文化创意产业发展目前面临的问题，有的放矢地寻找国外文化创意产业发展经验，有助于我国文化创意产业的未来发展。

（一）我国文化创意产业近年产业规模与经济贡献

为了促进我国文化创意产业的发展，对当前我国文化创意产业的现状有所了解是十分必要的，文化创意产业市场规模与文化创意产业经济贡献率能够在宏观上反映出目前我国文化创意产业发展的基本状况。

虽然我国文化创意产业起步较晚，但在政府政策的支持下，我国文化创意产业的市场规模在不断扩大。2018 年，我国文化产业实现增加值 38 737 亿元，比 2004 年增长 10.3 倍；文化产业增加值占 GDP 比重由 2004 年的 2.15% 提高到 2018 年的 4.3%，在国民经济中的占比逐年提高。从对经济增长的贡献看，2004—2012 年，文化产业对 GDP 增量的年平均贡献率为 3.9%，2013—2018 年进一步提高到 5.5%。

尽管我国文化创意产业对经济的贡献逐年增长，但是与全球文化创意产业经济贡献率平均值仍有差距。根据国际惯例，产业经济贡献率超过 5% 的才能被称为支柱性产业。目前，我国文化创意产业才刚刚达到这一数值。由此可见，现阶段文化创意产业虽然已经成为支柱性产业，但发展空间仍然十分巨大，我们仍需持续努力。

（二）我国文化创意产业生态环境

基于文化创意产业生态系统理论，对我国文化创意产业发展的外部环境、内部生态环境及融合情况进行梳理，采用相关指标进行分析评价，为探讨产业发展存在的问题，提供探讨基础。

1. 我国文化创意产业的外部环境

（1）政策环境。

我国政府高度重视文化创意产业的发展，将发展文化创意产业上升至国家战略的高度，制定了一系列的战略发展规划，目前我国文化创意产业政策体系初步构建，形成涵盖产业宏观政策、产业财政、产业要素发展、产业具体行业发展、产业融合发展、产业主体发展、地方文化创意产业发展等的全方位、多层次的政策体系，近年文化创意产业行业发展政策的出台也使得文化创意产业政策体系更加立体。在管理机构设置方面，文化和旅游部是我国文化创意产业的直接管理机构，按职能下设不同产业公司及相关组织机构，形成由文化和旅游部主导，地方文资办、行业协会及其他相关组织机构共同组成的文化创意产业管理布局。但是，我国缺乏文化创意产业专门管理机构。

（2）法律环境。

我国文化创意产业法律体系逐渐完善，立法内容基本涵盖文化创意产业相关立法需求，行业细分立法的出台使得我国文化创意产业法律体系在立法层次上更加深入。在公民知识产权便民服务平台建设方面，通过专家学者与中介企业的合作，向公众提供知识产权服务；在法律遵守与执行方面，公众保护知识产权的意识得到增强，但是，近年侵权、抄袭现象仍然存在，如2013年我国国产动画电影《汽车总动员》被指抄袭皮克斯动画电影《赛车总动员》，2018年12月我国国产电影《机甲战神孙悟空》被指抄袭漫威电影《钢铁侠》，法律执法力度与公众知识产权保护意识需要提高。

（3）文化环境。

我国文化资源非常丰富，拥有文化创意产业发展的文化基础。我国是文化资源非常丰富的国家，具有悠久的人文历史，拥有包括神话传说、戏曲、武术、民间工艺、传统节日、地域文化、文学、中医、古建筑、衣冠服饰、琴棋书画、传统音乐、诸子百家、名山大川等文化资源的文化遗产宝库。我国在文化遗产总量上处于世界前列。

我国文化遗产保护工作逐渐推进。保护内容基本覆盖物质文化遗产与非物质文化遗产，从中央到地方均有文化保护机构，保护主体由政府、公共媒体、专家学者、民间文化爱好者及艺术家、社会公众五大主要群体组成，保护措施逐渐多样化。政府通过制定一系列关于保护文化遗产的法律法规，设置各级非物质文化遗产保护机构，申报非物质文化遗产等途径来保护我国文化资源；公共媒体通过影视、音乐、综艺节目等方式弘扬保护文化遗产的重要理念，如央视"中华之光"系列节目；专家学者协助产业立法、保护与传播，民间文化爱好者及艺术家不断学习、加深理解传统文化，创作出具有文化内涵的优秀文化创意作品，文化传承者通过精湛的手艺，参加选秀节目，举办活动弘扬传统文化，社会公众践行传统文化价值观。但是，也存在严重的文化资源破坏现象，如缺乏对产业的规范化管理导致传统古村落衰败、流失等。

文化创意产业公共基础设施建设逐步完善。截至 2018 年底，我国共有公共图书馆 3176 个，为 1949 年的 57.7 倍，为 1978 年的 2.6 倍；文化馆站 44 464 个，为 1949 年的 49.6 倍，为 1978 年的 9.7 倍；博物馆 4918 个，为 1949 年的 234.2 倍，为 1978 年的 14.1 倍。从 2004 年起，

全国各级各类国有博物馆、纪念馆、美术馆、有条件的爱国主义教育基地等逐步实行优惠或免费开放。从 2008 年起，全国文化、文物系统博物馆、纪念馆开始向社会免费开放，为丰富群众文化活动提供了有力支撑。

文化消费稳步提高。随着我国经济持续快速发展，城乡居民的文化消费需求数量不断增加，质量不断提高。2018 年，全国居民用于文化娱乐的人均消费支出为 827 元，比 2013 年增长 43.4%，2014—2018 年年均增长 7.5%，文化娱乐支出占全部消费支出的比重为 4.2%。

2．我国文化创意产业的内部生态环境

（1）文化创意产业内部行业。

①在产业链结构方面，我国大部分文化创意产业链尚不完整，相关衍生品开发不足且滞后于产品传播。我国电影业 90% 的收入来自票房，衍生品的价值创造贡献不足，目前多数衍生品停留在玩具公仔、移动设备装饰品、服装文化衫等初级层次，缺乏以电影为主题的大型文化创意体验设施及相关高端衍生品，导致在文化创意产业体验项目方面收入很少；电视剧行业在形成拓展的衍生品产业链方面，情况不一，如热播剧《花千骨》《甄嬛传》等均已形成"网络小说创作、形成 IP（Intellectual Property、知识产权）、改编剧本、拍摄制作、营销传播"产业链，在此基础上，营销方同步推出《花千骨》系列手游，增加了收益，而《甄嬛传》的衍生品开发仅以表情包等为主；图书出版业、音乐产业和旅游业均形成基本完整的产业链，如《中国好歌曲》等娱乐节目已形成"音乐创作、制作、传播"产业链；动漫产业链断层严重，衍生品市场定位模糊，衍生品缺乏丰富的商业形象，《大头儿子小头爸爸》《喜羊羊与灰太狼》等国产动画片除了动漫图书、音像制品、文具、玩具基本上能跟上动画片的播出节奏外，服装、工艺礼品、数码电子等动漫衍生品均未能及时进行

设计开发和上市销售。

②在产业经营模式方面，我国产业商业模式逐渐多元化。如采取付费、广告、电商衍生等模式，多元化商业模式趋势已经显现。我国文化创意产业的商业营销模式还处于不断探索与创新的初级阶段，部分行业缺乏成熟的商业化运作模式，如动漫企业在原画创作、产品制作、版权交易等环节缺乏商业化运营手段，营销网络和终端销售能力都比较薄弱；文化创意产业园区虽然数目众多，形成"依靠园区内部及周边旅游业、餐饮业创造收入"的发展模式，但是盈利模式单一，园区自盈利能力不足。

总体而言，我国文化创意产业内部行业整体处于发展阶段，需要继续扩大产业规模，增加衍生品开发种类，尽快实现多元化、成熟的商业化营销模式。

（2）核心发展要素。

①人才要素方面。我国高度重视文化创意人才的培养，近年我国文化创意人才队伍不断壮大，人才创作热情提高。首先，从业人员占总就业人员规模提升，据《中华人民共和国和旅游部 2018 年文化和旅游发展统计公报》显示，截至 2018 年，纳入统计范围的全国从业人员 375.07 万人，增加了 31.82 万人。其次，人才结构有优化趋势，但是有学者指出结构失衡现象较为严重，中高级人才特别是创新型人才和经营管理型高级人才比重较小。以图书出版业为例，跨学科、跨领域、跨行业的复合型人才短缺；以动漫产业为例，编导、造型、美术设计等前期创意人员与策划运营等后期商业人才缺乏，而中间生产人员过剩。最后，在人才培养体系和管理机制上，我国近年不断开拓培养方法，例如一些高校响应国家发展文化创意产业的潮流，增设了与文化创意产业相关课程，

如文化创意产业管理等。但是仍然缺乏完善的人才培养体系,主要体现在师资力量、教学内容方面不能形成良好的配套服务,以及缺乏良好的交流与就业平台。

②科技要素方面。我国非常注重科技要素投入,已经取得信息技术突破创新等多项成就,如加强国家文化创新工程项目使得科技要素更好地服务于我国文化创意产业,互联网、大数据、新媒体等科技的广泛应用使得我国文化创意产业科技种类增加,科技含量不断提升,极大地促进了我国文化创意产品的发展和传播。以图书业为例,2018年,我国移动阅读市场规模约为195亿元,实现17.4%的同比增长,2020年达到372.1亿元,移动互联网向我国阅读领域的渗透率为60%以上,可见,科技已成为我国文化创意产业发展的有力助推因素。此外,科技也使得文化创意产品在表现形式上更加多元化,如文化创意作品《印象·西湖》利用科技要素将旅游资源与文艺演出相结合,增强了消费者的交互体验效果;《邓丽君3D虚拟演唱会》等文艺演出借助科技要素为观众带来文化追忆。在我国文化创意产业科技发展的同时,也存在不足,我国文化科技理论体系建设不够完善,文化科技领域的创新能力和核心关键技术的突破能力依然不足,文化科技复合型人才匮乏,这些都是制约我国文化科技创新的因素。

③产品要素方面。首先,我国文化创意产品内容种类上更加丰富,类型上更加多元化。以近年发展势头最猛的电影业为例,《捉妖记》《煎饼侠》《老炮儿》等不同叙事风格的电影均收获了不错的票房和口碑。其次,具有优秀文化内涵的作品不断增多,如意境优美的古典风歌曲、文化细节准确严谨的古装影视作品,青花瓷、古诗词、民族民俗等文化资源在音乐业、影视业、演出演艺、娱乐节目、建筑业等相关领域得到一

定程度的开发利用。再次，我国原创类文化创意产品不断增多，像我国原创文化节目《中国汉字听写大会》和《快乐汉语》等，在弘扬我国优秀传统文化的同时也取得了较高收视率。最后，我国文化创意产品表现形式趋于多元化，如许多综艺节目开发出文化节目和情景剧等表现形式，《快乐汉语》首次采用情景剧的形式，在我国文化类综艺节目表现形式上实现了创新等。但是，我国文化创意产品的文化元素体现是不够的，现有的文化创意产品利用、开发的文化元素的种类，同我国丰富的文化资源总量相比，远远没有使巨大文化资源库得到充分释放。

3. 我国文化创意产业融合情况

近年，产业融合在我国逐渐成为文化创意产业发展的新趋势，我国非常注重文化创意产业种群之间的融合发展、协同进步。第一，我国文化创意产业内部行业之间融合更加多元，我国已经形成不同程度的关联发展新模式，如我国旅游业同餐饮业结合，形成特色餐饮旅游文化产业；餐饮业与出版业结合，如咖啡厅与图书阅读区结合等新营销方式，吸引了文艺青年等更多年轻消费群体；现代技术表现手段与文化艺术之间的融合，使得文化创意产品的表现形式多元化等。第二，我国文化创意产业同第一产业、第二产业的渗透受到重视，且渗透力度更强，文化创意产业与农业渗透融合，通过对传统农业产业注入文化与科技要素，延伸农业种植、养殖、生产加工和创意休闲旅游的全产业链条，使农业现代化、文化化和创意化；文化创意产业与建筑业渗透融合，催生了工业设计、建筑设计等新领域，增加了新职业，创造了就业机会，带动了建筑装潢业、建材市场、设计工作室等一系列产业链条的形成与发展。因此，我国文化创意产业种群融合已经取得初步成果，但是可以发现产业种群融合的领域比较有限，融合的方式缺乏多样性，融合空间没有充分拓展，

表现为文化创意产业内部行业关联及与其他产业融合两方面尚未充分开发融合潜力，据相关资料统计，我国体育业、文艺演出等诸多行业和其他产业的关联度未超过 20%，产业关联度较低。

综上所述，近年我国文化创意产业已经取得了很好的成绩，经过对产业规模、经济贡献率及产业生态环境的分析，可以看出：近年我国文化创意产业发展整体上呈上升趋势，产业增加值占GDP比重不断上升，各行业也取得不俗成绩，政策法律体系逐渐完善，文化消费市场潜力巨大，文化创意产品开始重视原创、追求创新，形成一批具有民族特色的文化创意产品，产业融合得到一定程度的发展，这些都是值得我们骄傲和自豪的，但是同时我们也应该看到发展的一些不足之处，比如：大型文化创意产业基础服务设施不健全、产业衍生品开发不足、产业商业营销模式单一、本土文化元素利用不足、产品原创性与创新性不强等现象。其中，基础服务设施不健全、产品衍生品开发不足及商业营销模式单一都属于商业经营模式范畴，而产品原创性与创新性不强等问题的根本原因在于高水平的文化创意人才不足，没有能力充分利用好本土文化。

（三）我国文化创意产业发展存在的问题

我国文化创意产业起步较晚，在取得一定发展业绩的同时，很多领域还处于发展的初级阶段，在发展过程中，存在一些需要关注的问题。笔者将分析得出的问题归结为政策法律环境需要改善、原创性与创新型产品较为缺乏、商业经营模式不成熟、高层次人才队伍匮乏等 4 个方面，需要寻求解决途径，使我国文化创意产业发展得更好。

1. 政策法律环境有待改善

文化创意产业在我国属于新兴产业，发展初期需要政府扶持，但是从现阶段发展规模与发展速度来看，我国文化创意产业迅速发展壮大的趋势不可阻挡，相关市场商业环境也将逐渐成熟，在今后的发展阶段，市场作用将会提升，但是现阶段我国文化创意产业尚处于发展阶段，需要政府参与引导，加强规范化管理，营造良好的政策法律环境。由于我国对文化创意产业的统计口径与分类没有一个统一的标准，国家层面将文化创意产业统称为文化产业。因此，我国在文化创意产业的机构设置方面，缺乏一个专门的文化创意产业管理机构。目前，文化和旅游部是统筹管理文化产业的机构，但是职能机构设置得较为分散，各行业部门、地区权责分割严重，造成产业整体管理链条断裂，这对于国家对文化创意产业的发展实施宏观政策调控是不利的。从现实基础来分析，我国各地方文化创意产业发展基础和特点不同，政府在管理体制的完善上难度非常大，文化创意产业管理模式较难在国家整体上同步、统一。

我国文化创意产业法律体系逐渐完善，但是立法相对滞后、中介服务平台功能缺失、执行力度和公众自觉遵守不强。随着新技术、新产品的出现，新问题随之产生，相关立法需要更加专业和细化，我国法律法规完善步伐相对滞后，现有的法律法规不能完全满足解决问题的需要。专业化、便捷的知识产权服务公共平台比较缺乏，目前尚未出现具有权威性、规模化的文化创意产业专业公共服务平台，无法有效传播文化创意产业法律知识，而文化创意产业个人从业者和初创型文化创意企业是创意成果的初始创造者，连同爱好文化创意创作的普通公众一起，是知识产权保护能力最弱的群体，非常需要专业、便捷的文化创意法律服务，我国高效、便民、专业的文化创意产业法律公共服务平台及相关产权服

务中介机构的数量与需求量相比明显不足。在法律实施方面，公众守法与维权意识有待提高，一些投机者寻找法律模糊地带，混淆视听，知法犯法，我国文化创意产业执法打击力度有待加强。

2. 原创性与创新型产品缺乏

原创性与创新型产品缺乏的原因在于缺乏对我国优秀文化资源的利用和文化创意人才匮乏两方面。我国文化创意产品的种类与规模还无法满足国内不断增长的文化创意消费需求，具有文化内涵、有价值观、有较高审美层次的原创性、创新型产品尤为不足。以动漫产业为例，国内市场上很多国产动画模仿国外，还有一些以庸俗恶搞为噱头的动画作品，缺乏"中国梦"、优秀传统文化与社会主义核心价值观，没有把我国文化用审美意识、故事情节展示出来。

3. 商业经营模式尚不成熟

我国文化创意产业商业经营模式通常采取产权使用付费、广告植入、电商衍生等模式，近年随着知识产权受到重视，以IP为投资形态的衍生变现经营模式越来越受到文化创意产业人员的推崇，多元化商业模式趋势已经显现，但是我国文化创意产业商业经营模式处于探索发展阶段，部分行业缺乏成熟的商业经营模式，主要体现在以下几个方面。

第一，缺乏对衍生品的商业开发。我国文化创意产业衍生品层次较低、种类不够丰富、缺乏持续性营销手段传播销售，创意形成产权以后往往开发出玩具、礼品、服饰、图书、音像、数码产品等衍生品，高端衍生品如以该文化创意产品为元素的大型文化创意体验设施非常缺乏，目前国内大型文化体验园多以国外文化创意元素为经营内容，与餐饮业、图书出版业整合营销，如上海迪士尼乐园。我国优质IP有很多，但是能够形成后续衍生品开发的很少。

第二，高技术含量的衍生品往往出售滞后于产品传播，不利于形成成熟的商业模式。一个好的文化创意产品要经过不断刺激消费者的感官才能获得持续的关注，我国文化创意衍生品开发不足，导致很多有商业拓展空间的文化创意无法融入新产品中，无法持续进入销售市场，造成终端消费群体流失。

第三，产品的消费群体定位辐射不够宽，终端营销传播不强，没有形成品牌效应。以我国动漫产业为例，我国动漫产品受众群体多以17岁以下年龄读者为主，缺乏适合成年人的优秀动漫。

第四，我国文化创意产业品牌建设还不够成熟。品牌对于一个产业的发展具有至关重要的传播扩散作用，我国文化创意产业缺乏自己的文化创意品牌，严重影响我国文化创意产业的发展壮大与国际影响力。

4. 高层次人才队伍较为匮乏

文化创意产业人才是文化创意产业发展的根本，没有人才，创意就无从谈起，发展文化创意产业，关键在于培养一批高素质的人才队伍。我国高层次人才队伍匮乏主要表现为从业总量存在缺口和人才结构较为失衡，经过前面对我国文化创意作品原创性和创新型不足以及缺乏成熟的产业经营模式的分析，可以知道，我国文化创意人才队伍中，缺乏的是富于创造力与审美能力，既有深厚的文化底蕴，又懂文化创意产业经营管理的高层次、复合型文化创意产业人才。

我国高层次人才队伍的缺乏与文化创意人才培养体系的不完善有直接联系。我国缺乏完善的文化创意人才培养体系。目前，国内教育体系无法提供与高素质文化创意人才培养要求相匹配的师资力量、教学内容、培训交流活动与就业平台，这些直接制约我国文化创意人才的培养。我国缺乏既有丰富文化底蕴，又有高科技含量与创新性，又懂文化创意产

业营销管理的高层次、复合型文化创意产业人才，并且在文化创意人才培养体系构建方面经验不足，缺乏成熟的案例典范。

综上所述，通过对我国文化创意产业发展现状的系统分析，我国文化创意产业发展取得一定的发展成就，发展速度也较为快速，展现了良好的发展态势。但同时也存在一些问题，主要体现在政策法律环境不够完善、文化保护与利用需要加强、产业经营的商业模式需要成熟与多元化、高层次人才培养体系需要完善等方面，需要寻求有效的解决办法，逐一完善。

第二节
新时代文化创意产业的发展方向

　　中国进入新时代，文化产业发展也进入新时代。党的十九大报告中"推动文化事业和文化产业发展"部分虽然篇幅不长，但为文化产业未来发展指明了方向。报告指出，健全现代文化产业体系和市场体系，创新生产经营机制，完善文化经济政策，培育新型文化业态。把文化产业放到党的十九大描绘的宏阔前景中，放到对中国经济和中国文化的新要求中，文化产业的发展方向将更明确、路径更清晰。

一、体现新时代的"精气神"

　　2017 年 10 月 30 日，中国残疾人艺术团在德国奥格斯堡为当地观众朋友们带来了题为"中国梦·我的梦"的精彩演出。本次演出是巡演的最后一站，在此之前，艺术团还分别于 25 日、28 日在捷克布拉格和德国纽伦堡进行了演出。"中国梦·我的梦"蕴含着丰富的中国元素，精心编排的节目体现了奋发向上的中国精神，而每一位残疾人演员背后都有一个"中国梦"的故事。演出当晚，中国残疾人艺术团一行为当地观众演出了芭蕾手语诗《我的梦》、歌舞剧《化蝶》、大型舞蹈《千手观音》等；在《千手观音》当中，21 位聋人演员用整齐的肢体语言向观众们展示着爱与善的真谛。演出时现场的气氛十分热烈，德国观众们表示残疾人演员们的

表演震撼了他们的内心，也让他们为演员们自强不息的"中国梦"精神所深深感动。演出结束后，观众久久不愿离去，以自己特有的方式向中国文化致敬、向中国艺术家致敬。这个大型原创音画舞剧是对外交流的金字名片，具有穿透语言和国界的文化力量，不完美的个体通过后天的努力和团队的协作一样可以收获精彩，用艺术的方式向世界传达了自强不息的"中国梦"。

中国的文化自信需要一大批文化精品来书写和记录，但值得注意的是，现在一些文化产品只停留在感官娱乐的层面，缺少"营养"和"钙质"。以歌曲为例，从收音机到网络，新歌曲层出不穷，但能让人记住、能打动人心的却屈指可数，中国音乐家协会原副主席徐沛东直言："创作者不走心、不动情，创作的曲子自然不靠谱、不动听，不能打动自己，也不能打动消费者。"

文化产品不同于其他产品，要影响人的精神、塑造人的灵魂，必须抵制低俗、庸俗、媚俗，讲品位、讲格调、讲责任，应体现"以文化人"的独特作用，不断推出讴歌党、讴歌祖国、讴歌人民、讴歌英雄的精品力作。中国电影文学学会会长王兴东赞赏带着血性和担当的电影《战狼2》高扬国威，为中国文化产业如何讲好中国故事做出了示范；取材于真实故事的《湄公河惨案》横空出世，为主旋律电影的商业运营探路。他评价说："这两部电影都是近年来主旋律电影的典范，讲述中国故事，讴歌伟大时代，实现了口碑和票房的'双赢'。"

"党的十九大报告明确了文化建设在中国特色社会主义新时代的新的定位，把文化放到了兴国强国的高度，提出要坚持中国特色社会主义文化发展道路，激发全民族文化创新创造活力，建设社会主义文化强国。"中共中央党校（国家行政学院）文化政策与管理研究中心主任祁述裕表示，文化工作者应有更高的使命和更广的视野，真诚记录和展示我们民族和国家的成长足迹，艺术地告诉人们中国历史的真相和发展走向，为"中国智慧""中国方案"的广泛传播注入更多的精神内涵，让文化成为激励全国人民奋勇前进的强大精神力量。

二、呼唤文化产品供给升级

党的十九大报告对中国社会的主要矛盾做出了重大调整：从20世纪80年代开始，社会主要矛盾是"人民日益增长的物质文化需要同落后的社会生产之间的矛盾"，这次报告调整为"人民日益增长的美好生活需要和不平衡不充分的发展之间的矛盾"。这个重大判断的转变，符合中国经济社会发展的实情，符合中国生产力快速跃升的国情，符合我国已经成为世界第二大经济体的世情，更为新时代中国文化产业发展提供了新的机遇。

特别是随着中等收入人群的增加，越来越多的中国人讲求"生活品质"、崇尚"生活美学"，提倡高附加值的产品和高度个性化、定制化的消费观，拒绝规模化的批量生产。中树文化产业集团董事长杨镓轩注意到，伴随着高文化附加值产品的涌现，匠人精神、私人定制、情怀营销也跃然眼前，未来在满足人民对多方面、多层次、多样化的美好精神文化需要方面，文化产业必将有更大作为。

"为满足人民对美好生活的新期待，必须提供丰富的精神食粮。"北京市文化创意产业促进中心主任梅松建议，文化产业还要充分运用大数据，精准、深入地研究消费者对美好生活的新需求，不断丰富文化产品供给，优化供给结构，创新文化业态，提升文化内涵和产品质量，善于运用互联网技术和信息化手段传播文化，着力解决好文化发展"不平衡

不充分"的问题，满足人民美好生活的新需要。

"我国经济已由高速增长阶段转向高质量发展阶段，要推动经济发展质量变革、效率变革、动力变革。"魏鹏举表示，党的十九大的这个判断也将指引文化产业步入从数量到质量提升的新时代。从音乐到电影，从出版到电视剧，数量上我国都是当之无愧的大国，但从质量上看还有差距。2018 年，我国文化产业增加值占 GDP 比重升至 4.3%。按照党的十九大"加快构建把社会效益放在首位、社会效益和经济效益相统一的体制机制"的要求，未来文化产业的发展是"双效统一"，是数量向质量、总量向结构的新转变，要不断提供丰富、优质的精神文化产品。

"党的十九大报告要求，健全现代文化产业体系和市场体系。文化产业在不断丰富和发展过程之中，既要有版权和文化消费品等文化商品市场，还要大力培育资本市场、人才市场、技术市场、信息市场等生产要素市场，借助于完整的市场体系，有效地优化文化资源配置。"北京第二外国语学院国家文化发展国际战略研究院常务副院长李嘉珊认为，沿着党的十九大精神，应继续深化文化体制改革，完善文化管理体制，加快构建把社会效益放在首位、社会效益和经济效益相统一的体制机制，进一步激发全社会的文化创造活力。

三、创新推动文化创意产业发展

"客从远方来，相随歌且笑。自有敦煌乐，不减安陵调。"敦煌虽偏远，文创产品却离消费者很近。敦煌研究院以敦煌文化艺术价值阐释指引文创产品研发，形成了"如是敦煌""念念敦煌""星空下阐释敦煌"等13 大类 500 多款敦煌特色文创产品，还在天猫、驼行网开办旗舰店同步发售，让消费者足不出户也可以选购敦煌文化产品。

不仅在产品层面创新，敦煌研究院还在体制机制上创新，形成了6家文化产业发展机构，齐头并进，既有竞争又有合作，共同致力于敦煌文化的发掘和传播。

"深入挖掘传统文化资源，文化产业让传统文化活起来。"作为党的十九大代表，敦煌研究院院长王旭东对党的十九大报告指出的创新路径很有共鸣，"深入挖掘中华优秀传统文化蕴含的思想观念、人文精神、道德规范，结合时代要求继承创新，让中华文化展现出永久魅力和时代风采。要坚持为人民服务、为社会主义服务，坚持百花齐放、百家争鸣，坚持创造性转化、创新性发展，不断铸就中华文化新辉煌"。

新时代要有新思路、新境界。党的十九大报告明确指出文化产业要创新生产经营机制，完善文化经济政策，培育新型文化业态。国家统计局公布的2019年上半年全国规模以上文化及相关产业企业营业收入情况显示，以"互联网+"为主要形式的文化信息传输服务业营业收入40 552亿元，同比增长高达7.9%，高居文化及相关产业10个行业的榜首，显示出旺盛的生命力。

产品创新、服务创新、商业模式创新，全方位创新、全产业链突破，文化产业成为创新活跃的主要领域，越来越多的人才和资金愿意投入文化产业中，去实现自己的创业梦想，去激发文化创造活力。

"随着新技术、新业态的出现和融合，文化产业也要紧随时代，抓住新机遇。"中国传媒大学经管学部党委副书记、文化发展研究院副院长卜希霆建议，首先，建设现代化经济体系必须把发展经济的着力点放在实体经济上，把提高供给体系质量作为主攻方向，显著增强我国经济质量

优势，文化产业也要与实体经济相结合，切忌把文化产业做成"空中楼阁"。其次，文化产业要与人工智能相结合，这是新时期人类智慧化的需要，人工智能为文化产业带来更广泛的能动性和触动性。最后，文化产业要与"一带一路"、京津冀及各经济圈发展相结合，文化需要在历史和社会场景的土壤中生发。因此，文化产业要顺势而为、应势而动、乘势而上。

第二章

文化创意产业的要素与特质

第一节

文化创意产业的要素

任何文化创意产业的发展都离不开以下要素的作用：较强的文化创意能力、极高的模仿吸收能力、网络化的组织结构、包容性文化环境、现代化创意技术、充足的文化产业资本、合理的产权保护制度。这些核心要素在不同的创意产业中发挥的作用不同，或者说要素所体现的相对重要性不同，但是，这些要素对于文化创意产业的发展是缺一不可的。

一、文化创意能力

较强的文化创意能力是任何创意产业发展的关键和基础，可以说，没有文化创意，就没有创意产业。文化创意能力的内涵有以下3点（如图2-1所示）。

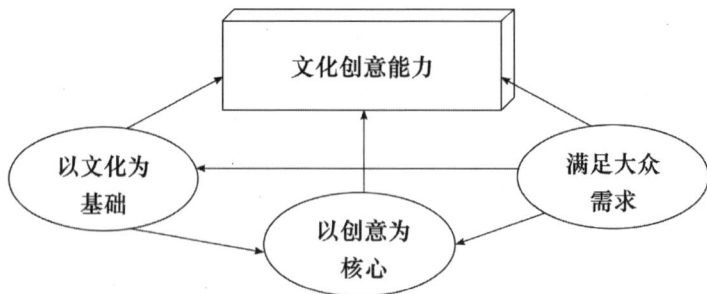

图 2-1 文化创意能力

（一）以创意为核心

国产动画片《大鱼海棠》，中国风十足，无论是人物形象、服装设计，还是音乐方面，均具有创意性。影片用中国神话故事的方式传达中国传统思想，标志着中国国产动画电影的新起点。创作者用其特有的方式表达了一种更为开阔的生命观和宇宙观，鼓励人们坚持自我，发挥自己的力量，实现自己的价值，以此来获得本真、无惧、豁达的生活。国产电影创作不仅要传承，更要有创新。显然，《大鱼海棠》的成功由创意决定。

（二）以文化为基础

2019 年 2 月，影片《流浪地球》以近 50 亿元票房、超 1 亿观影人次，成就了中国科幻影片的"高光时刻"。影片根据刘慈欣同名小说改编，故事设定在 2075 年，太阳即将毁灭，人类将无法生存。面对生存绝境，人类将开启"流浪地球"计划，试图带着地球一起逃离太阳系，寻找人类新家园。影片之所以取得巨大成功，很重要的一个原因就是，它与某些国外大片不同，没有宣扬以暴制暴，突出自己高贵、别人低下的价值观，而是以"世界大同、天下一家"的博大胸怀，倡导全人类齐心协力、共渡难关。这充分诠释了中华传统文化"讲仁爱、重民本、守诚信、崇正义、尚和合、求大同"的价值理念和精神境界，充分彰显了中华优秀传统文化的自信和担当。

（三）满足大众需求

日本动漫产业的繁荣正是由于契合了大众对动漫的偏好，日本漫画拥有 100 多年的历史，日本国民热衷于漫画的故事性，不论是儿童还是成年人都能在漫画中满足自己的精神需求。此外，韩国的网络游戏产业、加拿大的动画产业、德国的设计产业等也都很注重加强自身的研发力量，创造了大批独特的创意产品。还有一类特殊的集聚区，如纽约 SOHO、英国SOHO、北京798艺术区、上海莫干山路50号等地聚集了大量的艺术家，他们的艺术创新能力很强，逐渐形成了与创意相关的产业链。SOHO的形成和繁荣与艺术的创意能力息息相关。

二、模仿吸收能力

极高的模仿吸收能力是文化创意产业迅速扩张的基础。创新往往以模仿为前提，模仿基础上的创新耗费时间较短、成本较低，更适合企业的盈利需要。模仿吸收能力决定了企业间相互学习借鉴的状况，模仿学习的氛围越好，创意产业发展得越快。模仿吸收能力以满意度为前提，且是再创新的基础，满意度越高，模仿吸收能力发挥的作用越突出，吸收能力越高，再创新的可能性就越大（如图2-2所示）。

图 2-2　模仿吸收能力

中国大芬"油画村"是反映模仿吸收能力最典型的案例之一。深圳大芬村目前已经形成集生产、收购、出口于一体的特色油画产业链。在油画生产方面，大芬村以临摹行画为生。据了解，大芬村70%以上的从业人员从事行画生产，一个经过仅半年调教的学徒就可以画简单的风景行画，就可以临摹达·芬奇名画《蒙娜丽莎》、梵·高名作《向日葵》，而一个熟练的画工平均每天可以临摹20件以上作品。此外，为了延续油画村的繁荣，大芬村开始重视油画的原创性，将本土文化融入艺术创作中，摆脱模仿复制市场的初级化问题。这进一步表明，文化创意对于产业发展来说必不可少，而模仿吸收能有效推动产业的发展。

不仅仅中国的大芬"油画村"靠模仿创新获得了成功，美国百老汇表演艺术业的发展也离不开模仿创新。百老汇聚集了很多戏剧剧场，剧场之间相互合作、学习借鉴的现象非常普遍。中国"超级女声"大型娱乐活动模仿的是英国"流行偶像"和"美国偶像"两个节目，是在模仿的基础上结合中国特色创新的结果。可见，这些国内外成功案例无不显示了模仿吸收能力对文化创意产业的推动作用。

三、网络化的组织结构

网络化的组织结构是创意企业之间相互联系而形成的关系网络，是文化创意产业重要的发展模式。网络组织结构的类型（如图2-3所示），主要决定于集聚程度和路径长度。

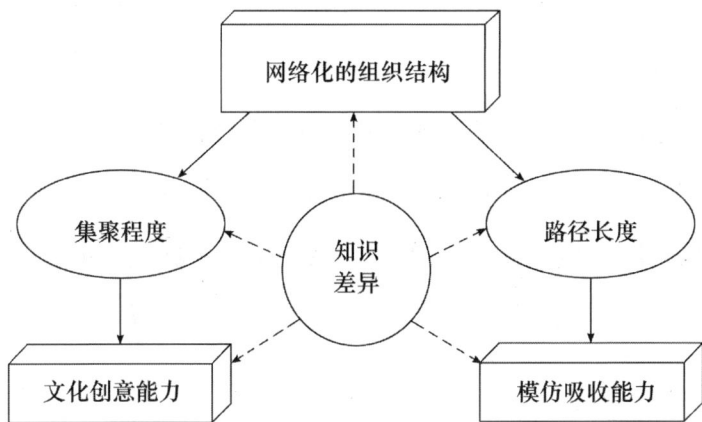

图2-3 网络化的组织结构

（一）集聚程度

从国内外案例来看，集聚化是文化创意产业发展的显著特点。这种集聚化是同类行业创意企业和人才的聚集，但是创意企业和人才并不完全相同，这表明产业内部与创意有关的知识、技能既属于同种类型，又存在差异性。当然，创意企业的集聚化发展也会引起其他产业的聚集。刘易斯（Lewes，1875）认为，不同种类事物的相加会产生"涌现现象"，有可能导致新奇事物的出现。这表明，集聚程度越高，企业创新的可能性越大，文化创意能力的提升就越快。

英国伦敦西区的 49 个剧院大多集中在夏夫茨伯里（Shaftsbury）和黑马克（Haymarket）两个街区，方圆不足 1 平方英里（约 2.59 平方千米），约 2.7 万人直接从事西区剧院的工作，约 1.4 万人从事与剧院相关行业的工作，如出版、唱片等；还有更多的人从事其他行业工作，如酒吧、餐饮、旅店、娱乐等。美国好莱坞聚集了 600 多家影视公司，包括20 世纪福克斯、华纳公司、梦工厂、哥伦比亚公司、迪士尼、环球公司、索尼公司等电影巨头，也吸引了大批顶级的导演、编剧、特技人员和明星等。另外，日本拥有 440 多家动漫制作公司，61.4% 聚集在东京，还有 100 多类漫画刊物，聚集了手冢治虫、宫崎骏、井上雄彦、大友克洋、尾崎南等动漫大师。加拿大不列颠哥伦比亚省聚集了 60 多家动画制作公司，还有 12 所电脑动画学校。德国柏林汇聚了 600 多家设计公司，有 4 所大学开设设计课程，还有 1.04 万人直接从事与设计有关的工作。可见，文化创意企业和人才的大量集聚有利于产业的快速发展。

（二）路径长度

路径长度是网络组织内创意企业与其他企业互动的距离，反映了企业间联系的紧密程度和模仿吸收的效率。企业间的平均路径长度短意味着企业间互动频繁或形成产业链关系，相应地，模仿吸收的效率也就越高。

日本动漫产业的繁荣主要归因于其完善的产业链。故事漫画往往是漫画产业的源头（除此之外，一些形象设计如电玩、玩具、游戏也会成为动画的源头），漫画首先通过比赛或投票的方式被选中连载在报刊上，

在获得大众肯定并拥有一定市场的基础上，会被整合出版发行单行本，然后，漫画会以DVD的形式动画化（日本称为OVA，是早期影视产品），有的漫画还会被生产为电玩、玩具、游戏等周边产品。在市场成熟后，漫画就会被制作成动画长片，电视台、电影公司通过投资制作获得版权后播出，同时，音响、录影带、文具、服饰等衍生产品也进入市场。有的动漫产品还会被深度开发，甚至开发成主题园区或主题商铺。在动漫业的整个产业链中，涉及众多的漫画工作室、出版商、动画制作室、电视台、电影公司、音响制造商、玩具商、游戏软件商等。产业链上厂商之间相互协作和学习，缩短了彼此的路径长度，形成高效的互动网络组织。

美国好莱坞也形成了完善的产业链，以《哈利·波特》为例，形成了包括图书出版、电影、游戏、玩具、唱片、服饰、游乐城等在内的产业链。我国"超级女声"的巨大社会反响也与产业链相关，包括节目制作商、网络公司、广告赞助商、品牌运营商、娱乐包装公司、电信运营商等之间的联动运作。产业链条越长、越完善，表明创意企业之间的互动越频繁，企业之间的互动距离就越短，也就是企业间的路径长度越短，越有利于模仿吸收能力的提升。

四、包容性文化环境

国内外典型案例的分析表明，包容性文化环境（如图2-4所示）是文化创意产业发展的非正式约束，具有两大性质：一是开放性，表现为本土文化广泛接受其他地方文化，这有利于文化的融合和交流，也增加了文化创意的可能；二是匹配性，表现为文化产业特性与社会文化、地方特色文化的结合，这样能够突出产业的异质性，从而形成有效竞争力。

这种匹配性甚至还反映在产业内部，产业文化环境发挥规范作用，约束创意企业的风格和类型，使不同企业凝成具有统一文化风格的联盟体，突显产业的文化特性，增强企业的竞争力。

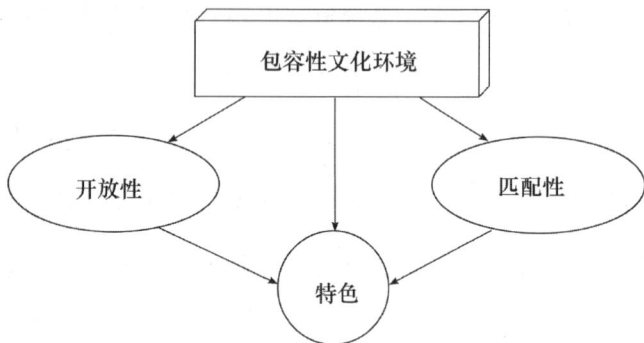

图2-4　包容性文化环境

五、现代化创意技术

现代化创意技术是促使文化创意思想转化为内容产品的现代技术，是文化创意产业发展的重要支撑手段，能够推动创意产业高端化发展。

韩国网络游戏产业的迅速发展与网络技术息息相关。据调查，韩国2011年的网速已经是世界第一，远远高于全球的平均网速。智能手机的开发使用及手机网络的普及进一步带动了网络游戏的发展。从韩国网络游戏的演化历程来看，《风之国度》是网游业首次创造的奇迹，扭转了韩国网游业初级化、分散化的局面，而《风之国度》的成功得益于其"图形再现"的技术和拨号登录的方式。两年后的《天堂》采用攻城战系统，开发使用战略模拟、角色扮演、血盟系统等技术，结合各种文化体验，再次创造了奇迹，引领世界网游业的发展方向。有数据显示，自开发《天堂》游戏以来，韩国网络游戏产业就与网络、网吧的发展紧密联系。

美国电影产业的发展亦离不开先进的技术，《阿凡达》采用专门开发

的3D虚拟影像撷取影像技术和特效计算机，颠覆了以往3D技术的立体效果，也开创了电影业的新时代。美国表演艺术业的百年发展历史也是技术不断革新的历史，日本动漫产业、加拿大动画产业、德国设计产业、英国戏剧产业的演化发展也都伴随着技术的进步。此外，我国一些地方的文化创意产业，如成都三圣花乡、深圳大芬"油画村"等，也都采用了现代化技术。可见，任何文化创意产业的演化发展都离不开技术的支持。

六、充足的文化产业资本

资本的内涵很丰富，本书特指与货币有关的资本。充足的文化产业资本是创意产业发展的必要条件之一。

为了促进柏林设计产业的发展，德国政府向其提供了直接的资金支持，扶持DMY国际设计节、各种社区创意活动等的开展，并在创意产业就业、创意企业房屋租金等方面提供帮助。另外，韩国某部门成立了游戏支持中心，专门向网络游戏业提供资金支持，包括为游戏企业提供长期低息贷款、制定税收优惠政策、设立文化产业基金、为文化产业基础设施建设拨款等方面的帮助。

除政府的扶持外，创意企业也为产业的发展提供了充足的资本。如韩国一家网络游戏公司通过上市融资保障资金需求，利用募集到的资金开拓海外市场，通过并购加快资本积累的速度。美国百老汇剧目的创作需要的资金大都来源于风险投资。加拿大动画产业的发展有国外资本的支持，因为加元具有汇率优势，且不列颠哥伦比亚省拥有优惠税率。

七、合理的产权保护制度

任何产业的发展都需要合理制度的保护。文化创意产业是知识产权交易形成的经济，因而，合理的产权保护制度是创意产业发展的必要依托。美国百老汇和韩国网络游戏产业在制度方面最为典型，因为美国是最注重版权保护的国家，而韩国网络游戏产业采用政府主导的发展模式，其产权保护制度的建设也比较完善。

百老汇的戏剧产业有完整的版权保护制度，版权交易程序法律化杜绝了盗版现象的发生。戏剧产业各环节的工作人员包括戏剧从业人员、投资方、制作方等都会签订详细合同，规定各方的权利与义务。百老汇的版权制度发挥市场激励的作用，激发了创作人员的积极性，保护了百老汇的原创能力。

韩国政府为网络游戏产业建立了严格的制度，特别是游戏内容分级制度，要求所有流通中的游戏必须获得分类等级。韩国政府部门还牵头下属游戏行业协会建设网游制度体系，对网络游戏使用权限、使用方式、禁止内容等进行了详细的规定。

此外，还有很多国家也建立了明确的产权保护制度，保障创意产业的有效运行。

第二节
文化创意产业的特质

一、从产业布局看文化创意产业的特质

（一）文化创意产业具有特殊的组织模式

组织模式对于现代文化创意产业的生产和交易有着重要的意义，新的经济、技术背景使现代文化创意产业的组织模式不同于传统文化生产，创意主体和创意过程的特殊性则使组织模式不同于其他产业部门。当今社会，创意产业已经不再仅仅是个体设计师或艺术家的灵感迸发，而是知识和社会文化传播构成与产业发展形态及社会运作方式的创新。创意产业的企业呈现出小型化、扁平化、个体化、灵活化的特点，"少量的大企业，大量的小企业"成为文化创意产业最普遍的组织模式。一个小的设计公司虽然只有几个到十几个、几十个人，但是设计创意人员占据主导地位。

（二）文化创意产业既属于知识性产业，又属于复合型产业

在文化创意产业中，内容创意在产品的整个生产过程中占据核心地位，创意投入是最重要的成本。所以，知识和创意是推动文化产业发展的关键力量，文化创意产业主要是以知识为基础的知识性产业。同时，文化创意产业也是复合型产业。在文化创意产业投入中，有的以无形的

智力投入为主，有的以有形的资本和劳动投入为主。

因此，文化创意产业可以划分为：①以劳动密集型和知识密集型为主的产业、以资本密集型为主的产业、以技术密集型和知识密集型为主的产业；②以劳动密集型、资本密集型、知识密集型、技术密集型四者并重的产业。例如，传统的印刷出版业就属于劳动密集型产业；数字娱乐业结合了传统的有形信息和无形的媒体内容，属于典型的知识密集型和技术密集型复合的产业；影视业所涉及的领域十分广泛，是一个兼有劳动密集、知识密集、技术密集、资本密集特点的行业。

文化创意产业以文化为源，如果说信息和网络为文化创意产业的发展提供了技术支持和发展空间，那么文化则是文化创意产业繁荣发展的肥沃土壤与坚实根基。文化创意产业是将知识的原创性与变化性融入具有丰富内涵的文化之中，使它们与经济结合起来，发挥出产业的功能，这是一种使知识与智能创造价值的过程。文化才是创意产生的本源，只有将文化知识转化为创意，然后再附加到产品上去，才能体现文化的价值；也只有文化才能赋予产品创意，赋予产品更高的价值。创意产业以文化为魂，文化的独特性和多样性构成了创意产业的本质特征和无穷魅力。同时，技术也促进了文化传播形式上的拓展，例如在线广播、网上平台、电子书等。跨媒体集团可以最大限度地获取不同媒体之间的协同效应，同样的内容元素可以根据不同用户需求进行多次创意、多次利用，跨媒体集团可以充分利用不同媒体平台所产生现金流的互补性，降低财务风险。

（三）文化创意产业呈明显的生态群落分布态势

根据生态学的观点，群落可以定义为在相同时间聚集在同一地段上

的各物种种群的集合。生态系统就是在一定空间中共同栖居着的所有生物与其环境之间由于不断地进行物质和能量流动过程而形成的统一整体。生物群落各组成物种由食物链相互连接从而形成一定的群落结构。

与此类似，产业集群具有一定的生态特征。产业集群中各上下游之间的种群也通过或长或短的产业链相互直接或间接地形成不同的作用结构，从而表现出不同的作用关系：由于利用同样的有限资源，导致适合度降低而形成的竞争关系；摄食另一个体的全部或部分而形成的捕食关系，如吞并、收购等。同时，产业集群中也存在类似生态系统物质和能量传输的链条——产业链，这使得企业间的关联更加紧密，如因具有利益而形成的互利共生关系等。处于集群中的企业由于不断与外界环境发生物流、能流、信息流的交换，其生命特征较之一般的企业表现得更为突出。

正像自然界中每个生物群落都是由一定的植物、动物和微生物种类组成的一样，不同的产业集群其组成要素也是相异的，这也正是我们区分不同产业集群的首要特征。例如，汽车产业集群是由与汽车生产这一优势种群紧密相关的汽车研发种群、运输种群、零配件种群等组成的；而蔬菜产业集群则主要由蔬菜种植种群、农药生产或销售种群、化肥生产或销售种群等组成。不同产业集群的组成种类大相径庭，文化创意产业企业生态群，不是众多企业的简单集中，而是以专业化分工与社会化协作为基础，大、中、小不同等级企业并存，不同类型企业共生互补的生态化企业群体，因而类似于生物生态系统。例如，位于北京大兴的"国家新媒体产业基地"是令人鼓舞的文化产业集群之一，该基地以20多个大小不等的演播厅、现代化的设施设备、数据中心、新媒体国际传播与版权保护平台等物化条件，以及四星级酒店的大量客房、现代娱乐健身场所、全套为演播人员与观众的服务，共同创造出良好的产业生态。又如，在日本的秋叶原动漫集群内，既有电视和出版等媒介，又有游戏、玩具、文具、服饰等衍生产品的生产者，还有围绕动漫提供版权交易、网络增值服务的公司，整条产业链非常完整。

文化创意产业集群与传统产业集群下企业之间的组织模式也不尽相同，传统产业集群下的同类企业之间更加偏向竞争关系，文化创意产业集群下的企业更加重视合作，而相同的文化则是合作的纽带。只有让集群内的创意人和创意企业相互信任，处于合作学习氛围中才能促进创新，才能使集群脱离最初简单的地理聚合，向智力聚合的高级阶段发展，相反就可能变成恶性竞争的温床。

（四）文化创意产业的一体化特征显著

传统产业可以把工作和生活分开。特别是一些高新技术科技园区，一般会对产业集群发展的核心区、配套区、外围区做好规划：生产经营的主导区域要相对集中进行布局；而生活区一般是分布在配套和外围区域中，实现产业区、孵化区、生活区分开，形成不同的功能区。

对文化创意产业来说，创意既可以在工作中创造，也可以在生活中产生。文化创意产业的特征是生活和工作一体化、文化产品生产和消费结合、有多样化的宽松环境、有独特的本地特征，而且与世界各地有密切的联系。文化创意产业实体内部既可以是创意工作者的工作地点，也可以是生活地点；既可以进行文化产品生产，也可以进行文化产品消费，这也是文化创意产业集群（如奥斯丁的软件业、圣地亚哥和西雅图的生物科技研发、纽约的出版业和时尚业、东京的计算机游戏业）大多集中在市区的原因。

多伦多大学商业与创意教授理查德·佛罗里达认为，创意阶层需要有新异刺激的环境，同时因为久坐和工作时间的不确定性，所以需要多姿多彩的夜生活，需要有能够随时参与的街头文化，需要有能够与他人互动交流的场所，需要方便的休闲锻炼设施。咖啡馆、酒吧、小剧场、小广场、书店以及住家附近的小径或公园、有特色的餐馆等，小规模的、有活力的、非正式的、街头形式的各种便利设施和各种艺术展等文化活动对创意人具有更强的吸引力。城市，特别是城市中心区域最能够被创意阶层所喜欢。而一些有着优美的建筑、良好的城市外观、充实的商品市场及服务，并且治安状况良好、交通便捷的城市更容易吸引创意阶层。

二、从产品供应看文化创意产业的特质

（一）创新性对文化创意产业发展的作用至关重要

文化创意产业以文化内容为核心价值，以创意为激活要素。面对同样的文化内容，创意的独特性、原创性越强，产品的市场影响力也就越高。如果没有新颖的创意激活，即使拥有再丰富的文化内容，也很难将其转化为具有市场竞争力的产品。包括中国在内的几个世界文明古国，其文化资源的丰富性无疑位居世界前列，但反观当今世界文化市场却不难发现，它们在世界文化市场上所占的份额却非常低。由此可见，创意或说创新性对于文化创意产业的发展起着至关重要的决定作用。对创新性的过度依赖，是文化创意产业的重要特征，加强创新能力，也是提高文化创意产业竞争力的关键一环。

文化创意产业发展过程中的创新包括原始性创新、组合式创新、延伸性创新和再生性创新等不同的创新类型。在不同的文化创意产品中，

对创新类型的选择也各不相同。比如，动漫产品对原始性创新的要求较高。动漫产品的表现形式决定了它很难通过明星制吸引观众，"非真人版"的图画也很难通过面部表情、肢体语言等影视剧中惯用的手法去深入刻画人物性格和内心活动。将这些可以用于吸引观众的形式性因素去掉之后，动漫产品唯一可以吸引观众的便在于其内容的新颖程度。在这种情况下，如果动漫产品所表现的内容是早为人们所熟知的故事情节，它的吸引力就会大大降低。因此，面向未来，以原创性的故事内容吸引观众，成为动漫产品获取市场成功的制胜法宝。荣获 2004 年奥斯卡最佳动画片的《海底总动员》自上映以来，在全球影视界获得了大量票房，它的后续产品包括图书、玩具、服装、文具等，它被评论界称赞为"在动画片领域中的一部大胆而新颖的独创之作"。它以拟人化的手法，表现了两条热带鱼马林和尼莫的父子亲情，折射出当代人类社会的强烈不安全感：战争、暴力、贪欲、污染、过度猎取野生动物等。它以动画片的形式讴歌了挑战困难的进取精神和仁爱人格，以绚丽的艺术手段把海底世界表现得如梦如幻。随着尼莫不幸被捕捉，马林舍生忘死、千里迢迢寻找和营救的过程，银幕上展开了灿烂的热带海洋、奇妙的浮游生物、凶猛的虎鲨和章鱼及充满爱心和合作精神的海洋生物们，这在动画片的拍摄史上具有强烈的创新意义。综观具有世界影响力的动漫产品，绝大多数都是以原创性故事内容为依托才产生巨大的影响力和品牌效应，如《米老鼠和唐老鸭》《蜡笔小新》《天线宝宝》等。原创性创新不足，也是制约动漫产品国际影响力提升的重要因素之一。

无论对于何种文化创意产业门类，创新性都是其赖以发展的决定性因素之一，也是文化创意产业的重要特征所在。创新方式千变万化，但没有创新性的文化创意产品永远不可能获得成功。

（二）文化创意产业的产品具有较高的产业关联性

传统产业的专业化特征明显，即单个企业的生产与服务总是集中于有限的产品和过程，形成专业化的特点，即使形成了整个集群，生产与服务也具有趋同性，都是紧紧围绕着某一专业化生产过程。在一个地理区域的大部分企业基本围绕一个主导产业或核心产业开展活动，或者只从事产业链条中的一个或几个专业环节；集群内各行为主体之间具有网络化关系，围绕产业链发生各种联系并形成配套关系。比如，上海嘉定区安亭镇，它就是一个汽车产业的产业集群，在安亭密布了几百家企业，这些企业基本都是围绕在汽车产业的价值链左右，且它们基本上都处于一个行业内部。在广东东莞，生产和销售电子产品的企业则占了绝大多数。再如，在印度的班加罗尔，90％以上的企业以开发、生产和销售软件为主业。

文化创意产业有巨大的延伸性，其核心生产要素是信息、知识，是具有自主知识产权的高附加价值产业。推出的产品是新思想、新技术、新内容的物化形式，是数字技术与文化、艺术的交融和升华，是技术产业化和文化产业化交互发展的结果，可以延伸到许多产业部门。由于以上特点，文化创意产业的发展空间更加广阔。上海市首个文化创意产业基地——浦东张江高科技园区就是一个以动漫和网络游戏业为突破口，文化与高科技密切结合的文化科技创意产业区。基地总体规划面积达30万平方米，依托浦东张江高科技园区雄厚的软件产业和芯片产业，着重发展动漫和游戏产业（包括网络游戏）、影视制作产业、多媒体内容产业，其中包括多媒体的软硬件开发和制作、动漫画制作、游戏软件、高科技影视后期制作、产品工业造型设计等。张江文化创意产业基地涉及多个产业和行业，仅以动漫和网络游戏来说，就是两个不同的产业，但是它们能依托文化创意这种关键的生产因素有机地融合在一起。

文化创意产业的产品具有很强的渗透性和外溢效应。一个好的创意可以产生大量的衍生产品，进而产生巨额的经济效益。一个米老鼠的卡通形象创意，便衍生出迪士尼乐园、迪士尼邮轮、迪士尼专卖店、百老汇迪士尼、迪士尼图书、电视、T恤、家具、动物填充玩具等多种商品，使迪士尼公司成为当今世界文化创意产业的巨头公司之一。

美国工业设计协会曾经做过一个调查，美国企业工业设计平均投入1美元，其销售收入为2500美元，其中全年销售额达10亿美元以上的大企业，工业设计每投入1美元，销售收入为4000美元。同样，2005年英国的一项调查显示，过去10年里，设计驱动型企业的增长率超出了英国证券市场整体表现的200％。日本日立公司提供的统计材料也许最具说服力，该公司增加的每1000日元销售额中，设计工作所发挥的作用约占51％，技术与设备改造的作用占12％。由此可见，创意具有极大的外溢效应，一个良好的创意，可以延伸至多种产品乃至行业门类，形成以创意为核心的相关产业链乃至产业群。

创意，也是文化创意产业的核心所在。在良好创意的激发和带动下，文化创意产业对其他相关产业乃至区域、国家整体发展也表现出强大的带动作用。很多国家和地区大力发展文化创意产业本身就是"醉翁之意不在酒"，以文化创意产业为龙头，进而带动后续产业链乃至国家、地区整体形象的提升才是其目的所在。

文化创意产业一方面是在过去总体的文化产业基础上发展起来的产业概念，另一方面是不同于过去传统的文化产业的新产业形态，现代的文化创意产业与社会经济活动的联系更加紧密，与其他的传统行

业关联性较强。产品用途广泛，可以用于服务美学、广泛教育或娱乐目的。文化创意产业以大城市为主要据点，面向一般大众及市场，推出的产品具有强大的前后影响力和旁侧影响力。一部电影的拍摄、一个唱片的出版都涉及各行各业，如基础拍摄工具的需求、道具的投入、后期制作等，这都会带动相关产业的发展。文化创意产业可以通过"越界"促成不同行业、不同领域的重组与合作，也可以通过寻找提升和融合制造业新的增长点，开拓艺术型、精神型、知识型、心理型、休闲型、体验型、娱乐型等新的产业增长模态，培育新的文化产品，涵养新一代创意消费群体，推动文化发展与经济发展，并且在全社会推动创造性发展。

（三）文化创意产业极为依赖知识产权的保护力度

文化创意产业是知识经济时代和信息时代的产物，对科技与创新的依赖性极大。知识产权就是针对这些新技术、新设计、新形式或新思想孕育出来的产权机制，所以文化创意产业对于知识产权的保护力度要求非常高。不能产生知识产权的文化创意产业是没有生命力的，不受法律保护的知识产权是不利于文化创意产业蓬勃发展的。

知识产权的载体——创意产品的生产过程分为制作和复制两个层面，其复制成本远远小于制作成本，使得创意产品具有低成本、高利润的可复制特点，这就导致了侵权行为的发生，并使侵权行为成为世界各国关注的一个十分严重的问题。可以说，没有健全的知识产权法制体系作为文化创意产业发展的保障，文化创意产业发展将举步维艰，知识产权载体的创造也就失去了原动力。所以，各国对于文化创意产业都高度重视其知识产权的保护。同时，随着文化创意产业的蓬勃发展，势必产生与之相适应的产权交易市场。如果有完善的交易服务体系，创意者可以用创意产品的知识产权进行交易。

目前，很多中国元素已经成为世界创意产业关注的重点，比如：日本曾经出现过以每集 8000 美元的价格购买《三国演义》的播映权；《木兰从军》的故事被迪士尼公司搬上银幕拍成了动画片；可口可乐公司采用中国生肖图案包装的产品受到了国际市场的普遍欢迎。由此可见，越是有着深厚文化底蕴的创意产品，其传播的价值越大，知识产权的价值也会越大。知识产权的市场交易离不开对知识产权的评估。

对于文化产业来说，文化创意及文化创意的产业化是发展现代文化产业的重要措施，在此过程中，必须加强并完善文化创意产业知识产权保护制度，通过实施行之有效的知识产权战略，促进文化创意产业的持续、健康、稳定发展。

三、从资源渠道看文化创意产业的特质

（一）文化创意产业是一种新型资源产业

在传统产业的发展过程中，以自然资源、物质资源和一般人力资源等为要素的传统资源有着至关重要的影响。而在文化创意产业中，文化、信息和教育等新型资源成为主导。换言之，文化创意产业是一种新型资源产业。

由"文化创意产业"这一词语本身，我们便可直观地看出："文化"与"创意"是文化创意产业发展最为重要的资源。文化是历史的沉淀，而创意则是当代智力资源的使用与开发，两者结合，形成一种全新的资源要素。这种资源不像石油、天然气等自然资源那样只能一次性开发利用，它是一种取之不尽、用之不竭的资源类型，随着教育、社会文化的发展

而不断发展。在今天这样一个能源稀缺的时代，文化创意这种经济发展的资源和动力显得更为重要和宝贵。

文化创意产业是具有鲜明特色的新型资源产业，其特点主要包括以下几个方面。

首先，从资源的再生性看，文化创意产业的资源具有可再生性和不可穷尽性。煤炭、森林等自然资源或是一次性不可再生资源，或者是再生性周期较长的资源。与这些自然资源不同，文化创意产业是以历史沉积的文化资本为基础，通过现代创意激活传统文化的精华，使其重新焕发青春，成为能够被当代受众所接受的文化产品。在这个过程中，传统文化资源得到复用，同时文化创意产业本身的发展也进一步丰富了文化的内涵与外延，呈现出可持续性发展的良性循环。

其次，从资源产业的服务内涵性看，文化创意产业不仅具有传统意义上的服务功能，可以作为资源元素输入经济系统中产生效益，更重要的是，文化创意本身还能够产生需求，创造市场，具有放大效果。相关研究表明，人们在消费文化产品时，往往更倾向于那些自己对其文化内涵、价值观念等方面比较熟悉的产品。诺贝尔经济学奖获得者斯蒂格勒（Stigler）和贝克尔（Becker）1977年在他们的论文《偏好是无可争辩的》中，对音乐消费的特点进行了分析。他们指出，在消费音乐的过程中，消费者的"消费资本"会增加。受教育的程度越高，已经建立起来的消费资本越多，消费者的"消费资本"增长也就越容易。换言之，消费资本的投入和消费是相互促进的。音乐消费的边际效益会随着时间增长。因此，相关的效用函数也就是包含了所消费的商品及作为自变量的消费资本的函数，我们假定这个函数不变，那么，在价格及收入不变的情况下，消费资本的积累可能会导致消费者对音乐商品实际需求的变化。也就是说，如果受众对某类音乐制品上了瘾，欣赏能力越来越高，即使在收入和商品的价格没有发生变化的情况下，其购买行为也可能增加。当然，不仅对于音乐制品是这样，对于其他文化产品这一效用也适用。

最后，从资源的载体来看，文化创意产业具有低成本、无污染的突出优势。文化创意产业所依赖的不是海洋、矿产、森林等自然资源，而是文化传统、创意观念等。它在很少甚至不损害自然资源的情况下，能带来巨大的经济回报。

（二）文化创意产业具有有力的资金带动性

当文化创意产业在区域内成为一个体系时，区域内的资源能被充分地利用，文化创意产业使得产业能够形成完整的价值链条，形成一个完整的价值体系。这种价值体系具有强大的经济溢出效应和规模效应，其表现出来的辐射力和渗透力会影响区域经济的发展，使得区域经济具有更强的竞争能力。文化创意产业对区域经济的影响更加注重关联性，这种关联性对于推动区域经济的整合有着重要的作用，而区域经济的整合对于提高区域的综合竞争力则是有力的促进。

当然，从直接经济效益的角度来看，可能文化创意产业的资金带动性尚难准确描述，有时候它们的场内交易额几乎不能与软件等产业同日而语。较之国外一些发达国家的文化创意产业，我国的文化创意产业只是刚刚起步，市场化程度并不高。然而，从传统文化与现代文明层面来看，这些产业特别是产业集群确实能够为塑造文化市场中心、时尚文化之都等形象的综合社会效益添砖加瓦，在就业方面的吸纳力也发挥着重要的社会功能。

北京通州区的"宋庄当代原创艺术与卡通产业集聚区"以普通华北农村的身份，几乎没有成功规模产业的历史，吸引容留了约3000位艺术谋生者，带动了当地餐饮、服务业的蓬勃发展；北京798艺术区虽不能列入高收益之列，但是园区内400多家文化创意机构、万余名从业者，吸引了艺术谋生者数千之众，同样是很大的社会成就；北京潘家园古玩艺术品交易园区也属于就业密集型、产业拉动型集群，产值年均过亿元，光是集群拉动的就业人群，便关系着许多家庭和村落。

四、从市场反应看文化创意产业的特质

（一）文化创意产业具有浓厚的人文根植性特征

根植性来源于经济社会学，其含义是行为主体的经济行为受当地社会关系的约束，嵌入社会关系中。

根据传统的产业布局理论的观点，传统产业集群特别是劳动密集型的制造业集群依靠劳务、地价等因素，传统产业主要考虑的是原材料、低成本劳动力资本的易获取性，例如我国绍兴的轻纺产业、福建晋江的鞋业等，同时一些技术含量稍高的制造业集群如美国的汽车业也主要是传统资本驱动、投资驱动型经济。

与传统产业不同，文化创意产业的形成对于物质性原材料和劳动力的依赖性并不强，文化创意产业是一类知识密集型的新兴产业，其对客观环境的要求十分严格，所以文化创意产业对地方人文环境有着较强的根植性。

文化创意产业的形成一般起源于本区域独特的文化积淀和氛围，并对其进行创造性的开发和利用。历史传承和人文环境氛围为文化创意产业的集聚奠定了社会环境基础。在世界经济舞台上独占鳌头的产业

背后依托的都是深厚的文化积淀。拿意大利的时装来说，因为依托于意大利丰富的艺术底蕴，所以即便是其他经济发达的国家在时装领域也难以望其项背。

浓郁的艺术氛围、开放的文化元素、多元的城市文化气质、宽容的城市文化态度，对于创意灵感的迸发具有重要意义，是创意产业繁荣发展的基础。根据美国著名创意学者佛罗里达的观点，创意经济理论核心的要素是"3T"，即创意人才（talent）、技术（technology）、包容（tolerance）。每一个要素都是创意集群形成和发展的必要条件。佛罗里达认为，城市发展的关键在于城市社会环境的多样性、宽容性和创造性所吸引来的创意阶层。一个开放的和低门槛的城市在吸引创意人才和人力资本中具有特殊的优势，可以产生和吸引高科技产业，实现城市经济繁荣。包容性和多样性有利于高科技的集中和成长。有才干的人喜欢到开放和具有包容性及能提高生活质量的地方去，越是具有多样性和多文化性的地方，对他们越具有吸引力。

文化创意产业的发展需要与各地方的经济基础、文化背景、资源特色等相结合，包括文化、风俗、传统、价值、愿望等。通过分析文化创意产业发展所需要的环境，来唤醒局部区域的投资理性，使其客观地测评本地区的发展环境，并找到其自身基础与所需条件之间的距离，为是否确立区域文化创意产业发展规划做好决策准备。只有这样，才能有助于塑造地方特殊性与独创性，才能真正发展文化创意产业。

（二）文化创意产业多由中小企业构成，商业价值难以估价

从规模上来看，文化创意企业往往规模小、经营决策权高度集中，很多都是自主经营，且资产构成中知识产权占相当比重，单靠企业自身

的资金积累难以实现创意产业化。在文化创意集群中，有很大一部分是自由职业者、兼职工作者。这些雇主和个人的名单一般都不在国家计量系统中，而只见于大量协会和行会成员名单中。

文化创意产业常常与其他的产业融合在一起，许多公司的设计和艺术被归入更广泛的行业分类，其主要价值常常通过其他产业来体现。比如家具设计的文化创意价值就没有单独计算，纺织品和服装公司的优秀设计和优良的家具工匠所创造的价值，可能隐藏在其设计的服装家具制造中，只能够通过家具的价格来体现。所以，文化创意产业真实的价值难以精确统计，其商业价值常常被低估。

（三）文化创意产业具有消费差异性和不确定性

传统的工业产业强调规模化生产以降低成本，而规模经济在文化创意产业中不一定是最重要的因素。文化创意产业生产过程的异质性，是由人类文化创造行为的特征所决定的，因为文化创意产业的原材料是每个创意者的思想和精神资源及技术和灵感。创意过程的主体是具有想象力、判断力、品位的个体或团体，其心智模式往往各不相同。美国管理学家凯夫斯在《创意产业经济学——艺术的商业之道》一书中指出，创意产品的特性、基调、风格独立于购买者对产品质量评估之外，当存在横向区别的产品以同样的价格出售时，人们的偏爱程度是不同的，主要有创意决定的产品差异性，对创造高附加值的贡献，远远超过产品质量的贡献。文化创意产品的价值也随着时间发生变化，例如通过消费者的口口相传或专家评估，这就使得它们的价值取决于信息，会与它们的价格脱节。

就每一种文化创意产品而言，它的创造与开发都需要付出大量时间、精力、财力和创造者的知识、能力积累。创意的本质为创新，而创新就必然会面临着各种各样的风险，尤其是创意要得到目标消费者在主观思想和情感上的认同和共鸣。每一种创意产品对于消费需求来说，都存在着时尚潮流、个体嗜好、传播炒作、时机选择、社会环境、文化差异、地域特色等多种不确定因素，因而也大大增加了创意产品消费时面临的风险。

虽然文化创意产业的核心在于"原创"，但是文化创意产品主要是通过对原创文化符号大批量复制而生产出来的。这种可复制性保证了文化创意产业的产品消费方式日益呈现出全球性，以经营审美为特征的符号、图像、文字、设计、声音等文化产品具有全球的流动性。相对于物质产品，文化创意产品及其创造过程具有易复制性、流动性、易逝性的特点，使得文化创意产品的创造活动带有更大的风险性。由于科技文化严酷的挑战性，文化创意产业无疑具有消费需求的不确定性。从当代经济发展来看，文化创意产业无疑是风险产业，对文化创意产业的投资是一种风险投资。风险投资被认为是当代经济增长的发动机，它以知识创新与高新科技为支持体系，具有可能的高收益、高回报、高增长潜力的特性，但这种高收益也可能遭遇风险。即使是十分成熟的好莱坞电影，同一个著名导演也无法保证其每一部影片都能成功。成功与风险并存，这也是文化创意产业的魅力。

（四）文化创意产业具有高风险的特点

前面提过，文化创意产品的创造开发是一种创造性的生产活动，是一种特殊的知识产品的生产活动。文化创意产业的优势在于其高附加值，这种高附加值带给文化创意产业强劲的经济势能。我们可以将文化创意

产业的内部组织划分为"核心"和"附加"两个部分：核心部分，即独特的文化创意的产生；附加部分，是将创意产品化的过程，即以某种载体的形式将无形创意有形化、实体化，使之成为可供消费的产品，从而实现其产业价值。文化创意产业与资本密集型或劳动密集型的传统产业具有明显区别。对于文化创意产业来说，其核心部分高度依赖知识、创新等人类智慧的运用，其附加部分则可通过资本、劳动力等传统资源加以解决，并且，其附加部分以核心部分的发展为前提。换言之，没有知识密集型的核心创意，附加部分的资本、劳动力等就难以实现其高附加值。比如，一个好的内容创意既可以拍成电影，也可以作为小说进行出版，无论以何种载体方式走向市场，其高附加值主要来自核心的内容创意，而非拍摄、印刷等附加部分。

当然，在当今高科技日益发达的情况下，特技等当代科技的运用对于产品具有十分重要的影响，但高科技本身必须以良好内容创意为基础，并在运用过程中紧紧围绕内容创意展开，否则也难以获得市场成功。大投入、高成本的"高概念"电影，其票房惨淡的例子屡见不鲜，便是这方面的良好例证。

在发展文化创意产业的过程中，很多人看到了文化创意产业的高附加值特点，却往往忽略了它的高风险性，并且在对文化创意产业高附加值的不断鼓吹与张扬中，为一波又一波的文化创意产业发展"高潮"摇旗呐喊。不可否认，所有的行业都有风险，并且利润越高的行业风险性也就越高，这是经济发展中最基本的一个规律，但是导致风险的原因却因行业的不同而有所差异。我们认为，文化创意产业的高风险性的原因有两个，其一是源自文化创意产业以创意为核心的产品生产机制，其二是源自其以文本为交易主体的利润回收方式。创意何时产生？一个创意能否具有好的市场回报？这些都没有较为固定的标准，也难以预期。即使进行前期市场和社会文化心理调查，也难以保证"实体化"之后的创意产品能够满足人们的文化消费需求，因为"实体化"的过程本身也是对原有创意进行改造的过程。正如凯夫斯所指出的："没有人能确定消费者如何评价新推出的创意性产品……新产品可能会得到消费者的认可，带来比它们高得多的巨额财富，也可能会找不到认可它的买家。"即使创意人员在创意产品投入生产之前进行调查和预测也"很少见成效"，"因为创意性产品的成功与否，很少能够根据过去的经济发展形势判断是否会满足现在的需要"。

另外，文化创意产业的载体化产品不具有保值性，产品本身缺乏风险分摊机制。办学校、开工厂，如果市场不好或经营不善，其教学设备、校舍、厂房、机器等有关投入还可以通过变卖等方式进行部分成本回收，而如果一部电影的市场不好或根本无法上映，所留下的就只有一堆毫无用处的胶片。

文化创意产业的高风险性特征，也早已被很多相关数据所证实。1998年，美国发行了将近3万种专辑，但销售量超过5万张的不到2%。纽曼早在1991年便指出了出版业的"二八定律"，即出版业80%的收益来自20%的产品。贝蒂格的研究表明，美国每年大约制作350部电影，但只有10部左右卖座。卓沃尔和格里斯潘的报告表明，英国杂志中只有1/3~1/2达到收支平衡，1/4能够盈利。莫兰引用的相关数据也表明，20世纪80年代中期，美国平均每年出版的5万多种图书中，80%都存在财务危机。以上种种数据都表明，文化创意产业在具有高附加值特点的同时，其风险性更是不可低估。也因为如此，在文化创意产业生产过程中，很多公司或企业都是通过"过量生产"的方式，使盈利产品的利润

与失败产品的亏损相互抵销。如果说每 9 种唱片中只有 1 种盈利，其余 8 种都是亏损，那么，只发行 5 种唱片的公司与发行 50 种唱片的公司相比，在市场竞争中失败的风险更多。这也是很多文化企业大规模扩张的原因之一。

第三章
文化创意产业的融合

文化创意产业与互联网技术的融合

一、文化创意产业与互联网融合的意义

伴随着信息技术日新月异的发展，以互联网金融、移动商务为代表的一系列新兴电子商务模式不断激发产业的活力与潜力，文化创意产业面临着互联网技术带来的巨大挑战与机遇。一方面，文化创意产业可以充分运用互联网的技术优势与影响效应，与互联网经济融合，实现产业整体升级转型；另一方面，在经济全球化的背景下，互联网经济带来的产业趋同性使得文化创意产业的独创性与民族独特性面临挑战。

二、文化创意产业与互联网融合的表现

在国家文化强国建设的道路上，嗅觉灵敏、视角前沿的文化创意产业正逐步跳出传统发展的框架束缚，走向与互联网深度融合的创新与传承之路，互联网正成为众多文化创意企业的新战场。

（一）大数据：创意灵感的海洋

我国是传统文化资源大国，有无数的文化宝藏等待被挖掘，信息技术给了我们更多的选择，通过对多种分析模型、算法的运用，我们可以对不同类型的文化资源和创意灵感进行梳理、分析与整合，让深藏于各

类资源中的规律与价值浮出水面，这就是大数据技术在传承文化、促进创新上的作用。

目前，国内文化创意产业发展已步入大数据时代，开始注重利用互联网获取用户的行为特征数据，通过海量数据的挖掘分析，从用户创新角度增加创意获取和形成的概率。文化创意产业中的实体企业如万达、金逸等院线企业已经将用户数据作为其重要的核心资产，而《哪吒之魔童降世》《流浪地球》《我和我的祖国》《中国机长》等引领国内票房排名的国产电影，在电影宣传的各阶段，都注重通过大数据分析来紧贴新时代消费者的心理需求，从而进行高效率的新媒体营销，可以说，大数据是国内影视产业春天来临的重要推手之一。同样，各类网站更是将用户浏览、搜索、点击的各类行为数据作为文化产品创新及有效服务客户的关键依据，如优酷视频网站已经开始尝试利用Hadoop技术进行海量客户数据的分析，以推出符合目标用户群体的娱乐节目或改善网站布局。

大数据技术通过客户行为分析为文化创意产业的产品设计带来了全新的思路。但是过度依赖大数据分析也会影响文化产品的多元性与创新性，一味迎合大数据所传递的流行趋势与消费喜好，而忽略了创意文化产品对文化消费的引领性作用，会导致创意文化有创意无意义，文化产品缺乏持续的竞争力。虽然大数据技术为文化创意产业的发展带来了一种全新思维，但文化消费需求往往具有盲目性和从众性的特点，数据运用还需基于更海量也更精准的数据收集，数据挖掘的模型也需不断验证与改进。

（二）社交网络：文化互动新场所

大多数文化创意企业依赖于群体交流中的创意分享，而互联网所形成的庞大、多层次社交网络容纳着当前社会中数量最多、思维最活跃的年轻人群，是人与人交流互动和传播文化创意的最佳场所。巨大数量的转发和评论促进了人们的表达欲望，也增进了思想的交流，可以说，互联网为文化和创新提供了低成本且快速传播的平台。比如，网络上广为流行的"后舍男孩"，借鉴国外网络流传的搞笑视频模式，利用一台电脑、一部摄像头、几件简单的道具创作出了一些网络MV作品，这些作品风靡网络之后，他们将版权卖给了音乐公司，个人和公司都从中获得了丰厚利润。从某种角度来说，创意产业前期可能不需要投入太多资金，创意往往来源于几个人的脑力激荡或思想碰撞，具有成本低、覆盖广的社交网络无疑成为文化创意产业整条价值链前端创意形成、中端附加值增加、后端产品推广的有效平台。

同时，社交网络还能够与文化实体进行有效的结合。例如，法国社交网络举办"博物馆周"期间，全世界的博物馆爱好者都可以通过Twitter（推特）传递他们对艺术、文化、科学的热情。主办方每天会推出不同主题的博物馆活动，如幕后的博物馆、博物馆知识测试等，每个主题拥有一个主题标签，便于参与者查找和分享，活动开始前两周已有50多座法国博物馆和上百座欧洲博物馆加入此项活动中。社交网络为博物馆爱好者提供了便捷和信息公开的互动平台，成功地将文化创意互动从单一的实体创意园转移至更加开放、便捷、性价比更高、渠道更广的虚拟网络中。

文化创意产业需要集聚，一直以来文化创意产业园是最普遍的形式，但是数据统计显示，超过70％以上的园区处于亏损状态，真正盈利的不超过10％，而这些园区中，真正称得上"文化产业集聚区"的园区不超过5％。相对现在不少文化创意园区商业地产的运作方式，互联网平台

为文化创意产业的发展提供了更加高效、便捷的途径，同时互动交流的门槛更低，男女老少能够于任何时间、任何地点在互联网上以非常低的成本进行观点互动和文化讨论。

（三）网络众筹平台：获取大众融资的福地

互联网不仅通过大数据及社交网络为文化创意的产生和传播提供了创意的"发生器"和"扩音器"，更为文化产品的融资提供了符合其特点的有效平台。众筹融资是指通过"团购＋预购"向网友募集项目资金的模式，它有利于集中市场上的闲散游资，支持较难获得传统渠道融资的创意项目、原创设计产品生产等。2014 年 3 月 17 日，文化部、中国人民银行、财政部联合发布了《关于深入推进文化金融合作的意见》，其中就明确指出要创新符合文化产业发展需求特点的金融产品与服务。而网络众筹平台恰好符合这一要求，其原因有二：其一，文化产品往往具有明显的群体特性，同一群体对自己的文化印记拥有强烈的认同感和归属感。因此得到充分展示的文化创意项目在众筹平台上能够获得目标群体的追捧与支持，例如众筹网上的摇滚音乐节筹资项目、电商人社群创意T恤众筹项目等。其二，文化创意活动是以文化传播为核心的活动，强调文化消费者的参与，在网络众筹平台的筹资活动本身就是展示创意项目、传播文化的过程，在项目融资到位启动之前，就已经提前产生引领文化、传播文化的作用，文化消费者通过投资文化创意产业项目提升了参与感，增加了消费满足感和文化认同感。

第二节

文化创意产业与商业的融合

一、文化创意产业与商业融合的意义

在商业经济发展的过程中，文化元素滋养了商业品牌的培育，催生了商业业态的创新，造就了特色商业文化。反过来讲，商业的兴盛又进一步带动文化艺术的发展，商业理念和商业投资促进了文化的传播，将创意思想转化为创意产品，提升了文化产品的层次。文化和商业是互动关系，两者紧密相连，互相推进，没有商业，文化的传播载体和传播方式会受到限制，文化的价值不能得到完善；没有文化，商业的品位和内涵会受到影响，商品辨识性会降低，影响经济方面的回报。

商业和文化的互动是一个良性循环的过程，在这个过程当中，文化作品在体现其商业价值时，需要保持其独立性和特殊性，不以商业价值最大化为终极目标，而是要审视文化作品内容本身对社会的影响。正如2014年10月15日习近平总书记在文艺工作座谈会上的讲话中指出："文艺不能当市场的奴隶，不要沾满了铜臭气。优秀的文艺作品，最好是既能在思想上、艺术上取得成功，又能在市场上受到欢迎。"创意产业也是如此，在做出对市场分析判断之后，还是要专注于自身的完善，尤其是文艺作品生产者，需要以内容质量、自我特色为主。如果把工作重心转

移到想方设法谄媚逢迎受众、失去自我一味迎合市场，那是文艺的悲哀，其实更是受众的悲哀。当受众屡屡被信息垃圾占据时间成本、拉低审美层次的时候，不会感激创作者对自己的曲意逢迎，只会失望于文艺市场的甚嚣尘上却满目荒凉。

二、文化创意产业与商业融合的表现

（一）文化创意提升传统商业业态

受互联网、大数据等新一代信息技术的影响，传统商业运营模式受到冲击，传统企业借助文化元素转型升级，创新自身的商业模式，以提高抵御风险的能力。传统出版企业转型改革，寻求跨界融合路径。传统书店、电影院、娱乐场所等积极引入特色文化资源，打造商务服务与休闲文化高度融合的综合消费场所。诚品书店创办于中国台湾，以书店为品牌核心，目前营运范畴已逐步扩展至画廊、出版、展演活动、艺文空间、文创商品，以及地铁站、医院、学校等各类型特殊通路之经营，并延伸至商场开发经营和专业物流中心建置等专业。

（二）文化创意培育创意商务服务

2015 年 3 月，国务院办公厅下发的《关于发展众创空间推进大众创新创业的指导意见》中指出，充分运用互联网和开源技术，构建开放创新创业平台，促进更多创业者加入和集聚。在"双创"热潮的带动下，作为有效满足互联网时代"双创"早期需求的新型创业服务平台，"创客空间""创新工场"等受到了各地政府的号召、扶持及投资机构、开发商的追捧。据科技部火炬中心统计，截至 2018 年，全国众创空间数量达到6000 多家，众创空间投资者背景多样，其中主流为科技互联网企业如腾讯、百度，科研院校如清华大学、北京大学，投资机构如联想之星、创新工场，等等。此外，也不乏以当代置业和SOHO中国为首的房地产开发企业等不同背景的投资者。车库咖啡是一家以创业和投资为主题的咖啡厅，创业者只需每人每天点一杯咖啡就可以在这里享用一天的免费开放式办公环境。可以说，车库咖啡不仅是创业者的低成本办公场所，也是投资人的项目库。车库咖啡的核心是资源整合和项目孵化，车库咖啡整合了无息贷款、免费服务器、办公设备等资源，并能够在项目初期发展时提供各项援助和支持，对高科技成果和创意产品进行孵化，使其更快更好地进入市场。每年来车库咖啡的创业者有6万人次，1200多个创业团队，举办大型活动300多场，每天常驻团队13～15个，创业团队之间的联合近20家。

文化与商务服务的融合还体现在对传统消费模式的革新上，真正以用户需求为导向提供个性化、细分化的文化产品和服务，在线票务就是其中的典型代表。在线票务是在信息化渗透传统行业、人们消费习惯发生改变及网上支付业务配套完善的条件下产生的，它突破了传统票务的销售模式，借助技术、资金与资源优势谋求从信息的获取转型服务的连接。以电影在线票务平台为例，2018年，中国内地票房收入达到600亿元，根据国家电影专资办数据，在线购票占比首次超过了70%。电影在线票务产生的巨大资金流同样吸引了BAT［百度（Baidu）、阿里巴巴（Alibaba）、腾讯（Tencent）］的注意。阿里巴巴将淘宝电影票资产注入阿里影业，打造包含娱乐宝、淘宝电影票等产品的娱乐产业生态链，打造全方位的娱乐公司，推动中国电影产业的升级；"百度糯米"拥有百度搜索、百度贴吧、手机百度、百度地图、爱奇艺等亿万级流量入口，在影院端的系列完整战略布局也有效助力了影片的排片及票房；"微票儿"背靠腾讯，在线上票务及影片宣发合作方面获得了微信、QQ平台的支持，

成为一股强劲的力量，并与在线选座先行者"格瓦拉"合并。"微票儿"在做好电影在线售票业务的同时发力演出市场，不断壮大自己的实力，通过新的战略模式拓宽发展道路，极具发展潜力。

（三）文化创意创造商业产品价值

商品除具有使用、消费的特征外，如果能赋予更多文化内涵，增添更多中国元素，将大大提高商品的附加值，将商业产品附加文化属性已成为当前商品市场的普遍做法，商品设计来自文化的创意，透过赋予商品本身所蕴含的文化因素，予以分析转化成设计要素，并运用设计为文化因素寻求一个符合现代生活形态的新形式，并探求其使用后对精神层面的满足，这与文化文物单位发掘文化资源、开发文化创意产品的做法如出一辙。为了让更多的人了解故宫文化，故宫博物院深入了解和分析不同年龄段观众的差异化文化需求，在广泛进行社会公众需求调查的基础上，确定文化创意产品研发和营销策略，以弘扬中华文化为目的，开发出如"故宫娃娃、朝珠耳机、编钟调味罐"等十多个文化产品系列，深受群众喜爱。2019年8月，故宫文创产品达到近万种，已上线的App平均下载量上百万，线下商店最高销售额每天超过10万元，总营业额超过10亿元，人气空前火爆，文化创意产品的开发成为推动传统文化传播与发展的重要力量。

第三节
文化创意产业与现代制造业的融合

一、文化创意产业与制造业融合的意义

我国是"世界工厂"和制造业大国，早在 2010 年，中国就成为全球制造业第一大国。目前，在世界 500 种主要工业品中，中国有 220 种产品产量位居全球第一。但我国传统制造业总体上仍然没有摆脱"三高一低"（高投入、高消耗、高污染、低效益）的粗放型发展模式，传统制造业面临提速增效、提质转型的历史时期。而创意产业无污染、产品附加值高，对传统产业的跨界转型和升级有着极大的促进作用，创意产业与制造业结缘，能够开创中国制造业转型升级的新路径，提高制造业的文化附加值。

一方面，文化产品的增值离不开加工制造业。国家统计局 2018 年发布的《文化及相关产业分类》认为，文化产业是为全社会提供各类文化产品及服务的相关活动，以及与这些活动相关联的围绕文化消费的活动集合，主要包括文化产品制作和销售活动、文化传播服务、文化休闲娱乐服务相关文化产品制作和销售活动、文化用品生产和销售活动等六大类。其中，文化产品制作和文化用品生产都属于制造业的范畴，如造纸及纸制品业、文教体育用品制造业、乐器制造、游艺器材及娱乐用品制

造、照相机及器材制造、家用视听设备制造、印刷专用设备制造、广播电视设备制造、电影机械制造、复印和胶印设备制造、工艺品制造、舞台工美、服装道具制造等。文化产品和用品生产制造的设计理念、效率、质量与方式等影响着消费者的消费感受，制作工艺中还要吸收文化产品的文化元素与品牌价值，文化产品的制作能力是文化产品品牌的延伸，决定了创意产业的盈利能力。

另一方面，创意产业向制造业的研发、设计和营销推广环节渗透。创意产业与制造业的融合，主要表现在如外观设计、展示设计、制度设计、组织结构设计、盈利模式设计、工业设计、品牌策划及品牌营销推广等领域的价值创新要素投入，将文化元素和创意思想融入制造业价值链研发和设计等环节。创意设计为传统制造业注入文化与时尚的元素，它所带来的改良性创新可以重塑市场和产业边界，不仅增加了制造业的文化附加值，使制造业结构更趋柔性化，也将帮助企业实现产品的差异化。

因此，随着创意产业与制造业的深层融合，以工业设计开发、文化用品生产等为代表的中间产业链条，一方面实现了创意产业的深度、高级化发展，另一方面也推动着中国制造业的转型与升级。

二、文化创意产业与制造业融合的表现

从近年来珠三角等地制造业发展的实践来看，文化创意产业与制造业融合主要有以下几种模式。

（一）文化创意＋传统工业产品

在出口不振、生产要素成本不断上涨、劳动力短缺的压力下，我国制造业正在进行转型升级的重新洗牌。除了用科技革新提高制造效率与

品质外，还有一条重要途径是以文化创意主动适应、激发、引导市场需求，通过"文化创意＋传统工业产品"，拓展并完善产业"微笑曲线"两端的研发设计、品牌营销等环节，进而提升产品的附加值，实现制造业的转型升级。早在 10 年前，东莞唯美陶瓷公司就已探索制造业与文化创意产业融合的路径，其"行业博物馆＋艺术家工作室＋文化制造品"模式已成为产业融合的基本模式。据佛山市文化广播新闻出版局的调查，该市规模以上企业有 800 多家设立创意设计部门，其中 200 多家独立为创意设计公司。正是得益于文化创意产业与制造业的融合，目前珠三角制造业正从传统的标准化、大众化、规模化的一般制造向个性化、定制化、服务化的"软性制造"过渡。"软性制造"不仅提升了广货产品的附加值，而且赋予其个性化、时尚化甚至艺术化的产品魅力。

（二）文化创意＋传统制造企业

近年来，珠三角一些制造企业及加工龙头企业，凭借企业长期积累的资本、人才及行业信息（大数据、资料库）资源优势，凭借对产业链的掌控能力及对产业发展的前瞻性认识，通过打造行业综合服务平台，实现从单纯的产品制造企业向行业综合服务运营商的转型。深圳雅昌、珠江钢琴就是其中的代表，前者是一家致力于高端艺术品印刷的制造加工企业，2013 年做出了由"雅昌印刷"向"雅昌文化"转型的战略调整。通过"传统印刷＋IT技术＋文化艺术"模式，雅昌搭建了一个覆盖艺术全产业链的商业平台，业务涉及高端艺术印刷、互联网艺术信息服务、艺术教育培训及艺术衍生品开发等艺术服务和产品体验。后者是乐器制造龙头企业，通过向音乐教育产业链延伸，打造音乐艺术教育综合服务平台，形成内容、渠道和互联网平台一体化教育体系，实现从钢琴制造企

业向音乐艺术服务运营商的转型。

（三）文化创意＋传统工业园区

进入 21 世纪以来，随着文化产业的发展及都市"三旧"改造的推进，不少处于闹市区的工厂被改造成各类文化创意产业园区，成为城市文化产业发展的重要载体，如北京的 798 艺术区、深圳的田面设计之都、广州的红砖厂等。但也有一些工厂在其产品制造的基础上，充分利用其优越的地理位置、品牌影响力，通过与文化创意产业融合，发展成为工业旅游基地、特色创意休闲基地，从而实现从单一的工业制造空间向多元的文化创意空间转型。比如，中山的伊泰莲娜首饰工业城是国际著名的首饰制造基地，目前已转型为我国首家首饰文化主题公园，成为省级文化创意产业园、"全国工业旅游示范点"。而位于珠江边、琶洲会展中心旁的珠江啤酒厂也已经成为以展示啤酒文化为主题，集工业、环保、旅游、文化、娱乐、休闲于一体的多功能城市人文景观。

除了以上 3 种模式外，基于高科技的文化制造业，如高科技文化主题乐园系列产品的创意设计与制造、建设工程等，以及其他智能型文化科技旅游产品等也是文化创意产业与制造业融合的产物。

文化创意产业与新农业经济形式的融合

一、文化创意产业与农业融合的基础

农业产业与文化创意产业融合，是现代农业发展的新方向，其融合的基础主要表现在以下三个方面。

（一）农耕文化的多样性

文化是农业与文化创意产业融合的根本基础。现代农业是农耕文化发展的阶段之一。农耕文化是以种植经济为基本方式的农业社会的文化，是指农业生产实践活动所创造出来的与农业有关的物质文化和精神文化的总和。它是在传统的自给自足的自然经济基础上形成的一种思维方式、价值取向、生活和社会行为模式的总和。内容可分为农业科技、农业思想、农业制度与法令、农事节日习俗、饮食文化等。由于我国地域广阔，地理条件差异大，加上农业发展历史悠久，逐步积淀形成异常丰富的农耕文化。各地根据当地的自然条件而形成的种植制度、根据农事需求而制作的不同的农具、二十四节气、农谚等都是农耕文化的典型代表。

（二）现代农业的多功能性

农业具有多功能性，在世界上被绝大多数国家所认可。被普遍认同的是，农业具有"三生"功能，即生产功能、生态功能和生活功能。生

产功能是农业最基本的功能，也是人类社会赖以存在和发展的基础；生态功能是指农业作为自然生态系统的一部分（加入了人工干预）而天然地具有的功能，如调节气候、吸收二氧化碳放出氧气等；生活功能主要是指农业对人们精神生活的满足，如观光农业、旅游农业、休闲农业等。在不同的发展阶段，农业的多功能性表现不同。在传统农业阶段，人们基本上只看到农业的生产功能；在现代农业阶段，农业的生态功能和生活功能被挖掘和放大。不同区域的农业可能还会有其他功能，如京郊农业服务于首都、服务于周边、服务于全国的服务功能。正因为农业具有多功能性，尤其是具有越来越重要的生活功能。因此，与文化创意产业的融合成为可能。

（三）消费需求的多样化

随着人们生活水平的提高，消费需求也趋于多样化。在物质产品日益丰富的今天，人们不再满足于物质消费需求，而是更倾向于精神和文化方面，消费需求从有形转向无形。消费者行为的趋同性是产品大规模生产的历史背景，个性化需求则表现为追求差异性、个性化和潮流化的倾向，消费习惯由趋同性向个性化转变。

与传统产业以产品为向导的价值创造机制不同，创意产业以消费者的需求为导向，顾客是价值创造的出发点和归属点，通过满足顾客的观念需求、文化需求，实现价值提升。于是生产者将大量的故事内容、符号与象征元素（如品牌等）运用在产品的生产与消费过程中，让产品成为文化意义的承载者，也就大大提高了产品的观念价值。

农耕文化的多样性、现代农业的多功能性和消费需求的多样化，共同构成了现代农业与文化产业的融合基础。

二、文化创意产业与农业融合的表现

文化创意产业与现代农业有机结合，借助文化创意思维逻辑，将文化、科技与农业要素相融合，就形成了文化创意农业。我国农业的转型升级势在必行，而发展文化创意农业不失为一种较为理想的发展模式，市场前景广阔。目前，文化创意产业与农业融合的方式主要有专业型文化创意农业和综合型文化创意农业。

（一）专业型文化创意农业

1. 农产品农场

文化创意农产品农场，指的是单纯以文化创意农产品的开发与种植的农场，它以文化创意农产品的种植为主要功能，通过批发文化创意农产品作为盈利手段。它的规模可大可小，主要目的是提高传统农产品附加值，增加农民收入，为文化创意农产品消费者提供丰富的消费产品。

2. 农艺工坊

文化创意农艺工坊，是以文化创意农产品包装、农业工艺品、农业装饰品等设计、创作与生产为主，以销售此类商品为主要盈利途径的一种农业项目开发模式。

3. 农品专营店

农品专营店，是主要结合城市或旅游服务区，为消费者提供文化创意农产品、农业工艺品、农业装饰品等销售服务，以此来获得盈利的一种农业项目开发模式。

以上项目规模较小，项目主题较强，因此盈利模式相对单一。

（二）综合型文化创意农业

1. 主题农庄

主题农庄，是以一个特色鲜明的主题贯穿，以农业要素为主体和题材，辅以花园、果园、田园、菜园、树园、牧园等农业生态环境，以为游客提供农事活动体验、农业文化欣赏、居住、游乐、养生等功能服务为主要目的的一种休闲农业开发模式。于其中观看文化创意农业景观，品尝、购买文化创意农产品、工艺品，体验文化创意农业节事活动等农业项目。

2. 亲子农园

亲子农园，是以生态农业景观、农作物、畜禽动物、农事活动等为主要元素，供亲子家庭游乐、体验的一种开发模式。可以将文化创意农业景观、农产品、工艺品、农业技术展示、文化创意农业节事活动体验融入其中，从而提升亲子农园的品位与价值。

3. 休闲农牧场

休闲农牧场，其实是休闲农场与休闲牧场的统称，也有两种结合的情况。此类开发模式主要是以农场或牧场为经营主体，以农业种植、牧场养殖为主要目的，并辅以休闲、游乐体验服务功能的一种开发模式。同样，文化创意农业的融入，能为其增添更多乐趣与价值。

4. 酒庄

酒庄，一般为红酒庄园。它主要以酿酒葡萄种植、葡萄酒生产为主，并辅以红酒文化体验、展览、销售、休闲度假功能的一种开发模式。同样，文化创意农业的加入与运用，可以为其增添更丰富的产品和更高的价值，增强其发展竞争力。

5. 现代农业示范园区

现代农业示范园区，主要以生态农业、高效农业的现代农业生产为主，并辅以参观、体验等休闲度假服务。同样，于其中并入文化创意农业，可以更好地发挥其示范和游览的作用与价值。

第五节
文化创意产业与城市经济的融合

一、文化创意产业与城市融合的意义

在社会发展的历史进程中，城市表征着人类文明水平，城市建设从广义上来说，包括城市的硬件建设和软件建设，甚至还包括展览展示与旅游方面等相关内容，城市的发展是一项系统工程，这体现了一个城市在经济、政治、文化、社会和生态建设整体范围的全面协同发展程度。当前，中国城市在立足自身城市特色发展的过程中，着力寻求文化与城市建设的融合，从各城市的文化资源出发，确立自己独特的品牌和定位，加快建设文化城市、文化城镇。如北京的城市战略定位是坚持和强化首都全国政治中心、文化中心、国际交往中心、科技创新中心的核心功能，深入实施"人文北京、科技北京、绿色北京"战略，努力把北京建设成为国际一流的和谐宜居之都。上海对照"国际文化大都市"和"具有全球影响力的科技创新中心"的建设要求，肩负新阶段的庄严使命，走可持续发展道路。深圳坚持"现代化国际化创新型城市"定位，将深圳打造成精神气质鲜明突出、文化创新引领潮流、文艺创作精品迭出、文化活动丰富多彩、文化设施功能完备、文化服务普惠优质、文化传播融合发展、文化产业充满活力、文化形象开放时尚、文化人才群英荟萃的国际文化创意先锋城市，与深圳"现代化国际化创新型城市"相匹配的文化强市。文化的发展关系到城市的未来，从城市发展来看，一个城市最终能走多远，最终有多大影响力和辐射力，都关乎城市文化的塑造能力，城市文化是城市核心竞争力的重要组成部分。

二、文化创意产业与城市融合的表现

（一）文化创意与城市生活的融合

城市是吸引人才和创意、产生创新和创造财富的中心，对经济和文化发挥着前所未有的重要作用，文化作为强大的社会经济资源，可以帮助城市改变民众的生活品质，文化建设是推动城市现代化发展的灵魂工程，有利于提升人民群众文化素质，培育和塑造城市精神。文化设施是营造城市文化环境必不可少的要素，如图书馆、艺术馆、影剧院、科技馆、体育馆、会展中心乃至环境绿化雕塑等，都体现了城市文化风韵，对城市文化环境的营造具有很大的影响。举办特色文化活动，如美术展、摄影展、博览会、设计周、艺术节等，激发群众活力，提高市民参与文化活动的积极性，形成城市文化建设的凝聚力和影响力。建设融商业零售、商务办公、酒店餐饮、公寓住宅、综合娱乐五大核心功能为一体的城市商业综合体，这是城市与文化、地产、商业等的结合体，在带动相关产业发展的同时，还可以辐射到社会的各个方面，在一定程度上满足人民日常生活、娱乐、消费需求。伴随着城市文化环境的改善，城市文化品位逐步提升，城市的整体文化氛围将更加浓郁。

（二）文化创意与城市历史传统的融合

每个城市都有自己的历史和不同的文化积淀，在城市建设过程中，城市承担传承历史文化的使命，深入地挖掘优秀的文化历史遗产，分析文化遗产中可以转化为现实经济优势的要素资源，顺应城市的文脉，发展、革新、创造属于一个城市独特的新文化。注重文化资源的保护和开发，完善文物保护单位的保护设施建设和抢救性修缮工作。山西平遥古城曾经街道路面破烂，文物古迹、传统民居年久失修，城内供水系统老化。自发展文化旅游业后，平遥古城基础设施、环境秩序、管理水平、服务质量均得到明显提升，并成功打造了平遥国际摄影大展、平遥中国年、"又见平遥"大型室内情境体验剧等文化名片。城市历史建筑、古遗址、古文化不仅是城市极为珍贵的文化遗产，也是文化软实力的重要依托和支撑。

（三）文化创意与城市形象的融合

城市形象是人类对于城市中居民素质、民俗习惯、文化气息、建筑风格等的感受所形成的城市总体印象，是城市文明建构的一个符号，良好的城市形象能产生巨大的吸引力和投资力，而展示形象更重要的是靠文化的魅力。张家口市每年7月和11月举办"草原音乐节"和"崇礼滑雪节"，就是具有独特性的文化创意。从2009年起，张北草原音乐节每年吸引数十万乐迷到场，其张北草原音乐节官方网站的点击率达3亿人次，创造了中国音乐节"五个之最"（场地规模最大、生态环境最环保、观众人数最多、摇滚品质最纯正、国际化程度最高），成为国内最大的户外音乐节，被媒体誉为"最具有标杆意义的高端户外音乐节品牌"。通过音乐节和滑雪节招揽游客旅游观光，收获利益，打造了张家口的城市形象，凸显了地方独特的自然优势。

城市建筑可以丰富城市建设的文化内涵，坚持城市特色风貌与建筑功能的统一，让城市建筑作为城市形象的名片，是塑造城市形象的新路径。提到鸟巢、水立方、故宫、天安门、三里屯 Village、798 艺术区就会联想到北京，提到中国迪士尼、佘山深坑酒店、东方明珠、BFC 外滩金融中心等就会联想到上海，一系列文化地标的崛起，让建筑和文化一同展现在世界面前。

第四章
文化创意产业的知识产权保护

第一节

文化创意产业的知识产权属性

一、文化创意产业与知识产权的关系

文化创意产业发展至今，已经被越来越多的国家所重视、推崇，其战略地位毋庸置疑。纵观文化创意产业发展的历史，从概念的界定、产品的保护、发展的需求等各个方面来看，它都与知识产权联系在一起。下面就二者关系的内涵加以具体的阐述，辨明二者的联系与区别，为后文研究文化创意产业知识产权保护问题奠定理论基础。

（一）文化创意成果是知识产权的保护对象

学理上对于"知识产权"的定义，一直存在"列举主义"和"概括主义"两种方式。《建立世界知识产权组织公约》第二条第八款就是采用典型的"列举主义"方法对"知识产权"进行定义。我国法学界常用"概括主义"作为知识产权概念的定义方法。吴汉东用此方法将知识产权定义为：是人们对于自己的智力活动创造的成果和经营管理活动中的标记、信誉依法享有的专有权利。刘春田在其著作《知识产权法》中将其定义为：是基于创造性智力成果和工商标记依法产生的权利统称。由此，我们可以看到，不论是采用哪一种方法给"知识产权"下定义，都体现了知识产权的非物质性。知识产权是以人的智慧活动为基础，依法享有

的专有权利。

如前所述，非物质性也是文化创意产品的明显特征，同时，区别于传统产业的劳动密集型特点，文化创意产业正是智慧密集型产业的代表。再结合知识产权的特征来看，知识产权的非物质性是它区别于其他财产权的本质特征。如果没有非物质性的特征，知识产权的排他性、时间性、地域性特征也将无从谈起。知识产权的客体往往是依附于物质载体的，但这并不意味着知识产权的客体是物质载体本身，知识产权的客体只是物质载体所"承载"或"体现"的非物质成果。也正因如此，法律规定物权的保护对象可以进行占有和公示，而知识产权的保护对象却不能像物权那样进行占有和公示。以文化创意成果中的艺术作品为例，对某一艺术作品的物质占有并不能说明是对其富含的著作权的占有，这种占有所公示的仅为载体的归属，而并非知识产权的归属。

所以，在对知识产权的定义、特征、性质进行重新梳理后，结合文化创意产业来分析，可以确定地说，文化创意产业所表现出的非物质性、智慧劳动性特征与知识产权相重合，文化创意成果的非物质性决定了其可以成为知识产权的客体。当然，得到这样的结论并不意味着问题的彻底解决，在产业发展与研究的过程中还存在着这样的疑惑，那就是——既然文化创意成果最终会得到知识产权的保护，那么文化创意产业中的阶段性智力成果是否也能成为知识产权的保护对象？答案是肯定的。因为阶段性智力成果也具有非物质性，具备了成为知识产权保护对象的法律特征。但是，在文化创意产业的研发阶段，往往还会涌现出各种创意思维、创意风格，这些阶段性的想法、灵感有可能会融入创意成果的研发，也有可能会稍纵即逝，与创意成果毫不相干。这种短时性、不确定性再加上著作权不保护思想的原则，使得其不可能符合知识产权审查的法定条件，也不会成为知识产权的保护对象。所以，企业及创意人员应该即时对所拥有的创意思想、创意风格加以表达、申请权利，使其免受侵权。

总之，知识产权以文化创意成果为保护对象。当文化创意产业的阶段性智力成果或文化创意产品符合知识产权审查的法定条件，进而获得国家的授权时，文化创意产业的阶段性智力成果或文化创意产品就成为知识产权的客体。

（二）文化创意产业离不开知识产权的制度保障

创意行为摆脱了简单的复制路径，利用当今发达的科学技术对文化资源进行深加工与再创造，使得文化创意转化为源源不断的利润，最终形成了完备的文化创意产品。一个文化创意不仅可以直接作为商品进入市场获得价值，还可以作为要素投入其他产业里，这就是生产力。但同时也存在着由于文化创意产品的价值来源于无形资本，初始创作成本很高，重复消费率低，复制、传播成本低廉的问题。如果没有知识产权的有力保护，权利人的经济利益势必受损，其创意价值也会因快速复制模仿而一文不值。知识产权作为一种无形财产权，是人们就其智力成果应依法享有的专有权利。首先，创意与文化的结合是文化创意产业形成的根本，通过对创新、构想、技能的运用，实现以智慧财产为代表的无形财产权。所以，在文化创意产业中形成的智慧成果，也无一例外地受到了知识产权的保护。其次，文化创意产业是典型的可持续发展产业，一项智慧成果的完成，最明显的标志是投入生产，形成独立的创意产品并投入市场。通过市场的反馈和要求，结合新技术、新手段，在原有基础上进一步完善、改造或彻底推翻，形成全新的技术生产链条。这一过程就体现出该产业发展所利用的是可以重复使用的智慧成果、创意思维。

智慧成果作为产业的核心，需要知识产权的保护，而这种创造性智慧成果的享有主体所拥有的专有权利，正是知识产权。

（三）知识产权贯穿于文化创意产业链条全过程

文化创意产业的市场运行，不单单是创意成果的投入市场。事实上，一件创意成果要形成产业链，需要经过创作、完成、开发、消费这一系列环节，同时往往还会出现由此创意成果衍生出新的创意产品的情况。而这个程序复杂、周期较长的过程与知识产权息息相关（图4-1）。以艺术作品为例，艺术家甲匠心独运，精雕细琢，制成一件雕塑品并备受好评。乙公司与甲进行商议，乙公司想以此雕塑品为原型，按比例缩小后仿制成工艺品并批量生产。甲将发行权授予乙公司，乙公司得到授权后以该雕塑为原型，仿制成大小各异的工艺品，之后由丙公司进行宣传，将这些工艺作品投入市场，出售给消费者。在这样一个文化创意产品的市场运行中，最初甲的制作完成，涉及著作权的产生。乙、丙公司复制加工、宣传销售的行为，涉及著作权的转让等知识产权的问题。因此，文化创意产品的市场运行本身就是知识产权的传播与交易。

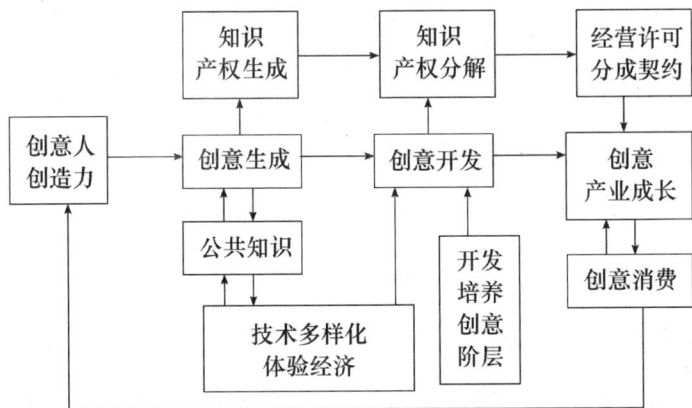

图4-1　知识产权贯穿于创意产业整个流程示意图

二、文化创意产业知识产权保护的意义

（一）增强文化创意产业核心竞争力

获得、运用知识产权是提高、积累产品竞争优势的主要途径。例如，德国默克制药公司研发生产的降血脂药物舒降之，该药品在美国的专利保护于 2006 年到期。在此之前，舒降之的销售价格为 3 美元一丸，全球年销售额将近 4.4 亿美元。但是在专利权到期后的几天内，其价格就跌落了 3% 以上，2006 年的全球销售收入为 2.5 亿美元，大约丧失了 43% 的市场份额。这就充分说明了产品在拥有知识产权保护的状态下更加具有市场竞争力。

台湾宏碁集团的前董事长施振荣先生提出的"微笑曲线"，以生产链不同阶段的附加值变化为标准，形象地展示了知识产权在产业生产中的主导作用（图 4-2）。微笑曲线以产业链的研发、制造、营销 3 个不同的阶段为横轴，纵轴则以附加值来表现，随着纵轴箭头的上升，附加值不断增长表现在最左端的研发阶段，这说明新产品的创意、开发必定会为企业带来 20% 到 25% 的高额利润。到了中间的制造阶段，微笑曲线呈谷底趋势，对应所得的附加值也降到了最低点，仅为 5% 左右。这说明在加工制造阶段，当产品的共性变得越来越多时，企业的利润就会变得越来越少。从制造阶段到营销阶段，微笑曲线又开始逐渐上升，达到高附加值的位置，说明企业在进行产品、品牌营销的同时，获得了更高的利润。微笑曲线充分证明没有技术研发、知识产权的企业，在竞争中只能处于制造环节，所获利润相对很低。企业要想拥有竞争力并处于产业链的高端位置，就必须看到知识产权在微笑曲线两端的主导作用，通过拥有更多知识产权来保证企业的市场竞争力。

附
加
值

知识产权   品牌/服务

研发   制造   营销

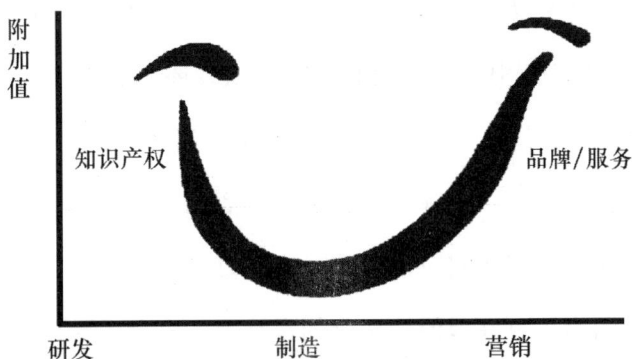

图4-2　微笑曲线示意图

（二）塑造民族品牌

"品牌"（brand）一词，对于大多数消费者来说已经并不陌生了，它最初的含义是用烧红的烙铁给牲畜打记号，以便主人区分识别。所以，品牌从源头上的意义就在于给受众（消费者）带来独特的印象。在文化创意产业发展的过程中，品牌起到了有效的助推作用。因为品牌的本质必须包含消费者文化认同元素，而不能仅仅看成品牌的一些功能和属性，更重要的是给客户带来的利益及社会心理满足。在文化创意产品的消费过程中，消费者更注重的是消费该品牌的精神文化，而非品牌的物质部分。英国前首相玛格丽特·撒切尔曾经说过："一个只能出口电视机的国家，而不可能输出它们的核心价值，它就永远不会成为世界一个大国。"作为21世纪的新产业，文化创意产业在国际竞争中显得越来越重要。许多发达国家都拥有代表本国的文化创意品牌，文化创意产业在这些国家已经成为名副其实的支柱型产业。例如，美国的好莱坞、英国的"哈利·波特"、韩国的网络游戏，等等。这些文化创意品牌已经深深地打上了国家、民族的烙印，成为形象识别和推广的标识符号。

相比较而言，我国在培育文化品牌方面严重落后，缺少国际知名的民族文化品牌。这不仅与中国世界经济和文化资源大国的地位很不相称，而且已经严重影响到我国文化产业向更高层次发展。

要从根本上扭转这一局面，必须依赖知识产权的保护。因为一个文化创意产业品牌的影响，实际上已经等同于商标或知名商标，而不问其注册与否。首先，知识产权应该适应时代需要，对现有的文化品牌加大保护力度。美国为了更好地保护文化创意品牌，出台了一系列法律法规作为《版权法》的补充。例如，1980年通过的《计算机软件保护法》是世界上第一部采用版权方式保护软件知识产权的法律，在当时的环境下，这样的立法可谓是高瞻远瞩。通过及时立法，美国有效地加强了数字版权的保护，从而促进了本国软件产业的发展。其次，要在知识产权的保护下不断开发、开创新品牌。推动文化创意产业的发展，离不开发掘和创新我国传统历史文化和民族文化资源，以此为基础、以文化创意产品为载体、以知识产权为保障，是树立文化创意产业民族品牌和形象的重要途径。

（三）文化创意产业可持续发展的重要保障

物质有限，创意无限。知识产权是文化创意产业走上可持续发展道路的重要制度保障。一个好的灵感或想法，就有可能变成创新、变成创意成果、变成创意产品，这是文化创意产业发展的内在驱动力。如果这个好的灵感、想法因为其无形性而被众人所利用、所模仿，那么他必然会丧失获得高昂利润的机会，也会丧失应得的社会认可和社会关注。然而，这些并不是最严重的后果，因为这里的视角仅仅停留在个人、集体的层面。那么扩展到一个行业、一个国家来看，如果文化创意、创新长时间得不到回报与肯定的话，势必阻碍人们投入智慧劳动，研发创意成

果的热情。一个产业没有了创新，就只能在价值链的低端徘徊；一个国家没有了创新，也只会成为无本之木、无源之水。

不可否认的是，目前我国文化创意产业的发展就面临着创意转换比例低的困境。文化创意企业将创意灵感、创意智慧变为实际成果、投入生产的能力还比较低。

由图4-3可知，有41.94％的创意人员经常会将自身的灵感付诸创意过程，41.94％的创意人员有过将自身灵感投入创意研发的经验，而16.12％的创意人员没有将自身灵感用于创意研发的经历。所以，我们必须认识到，文化创意企业中的创意人员，将他们自身的灵感投入、运用于创意研发的比例还比较低。而文化创意成果的产生往往是来源于创意人员好的想法及突如其来的灵感发挥。文化创意企业中创意人员灵感实践的比例，正是该企业创意能力的一个体现。

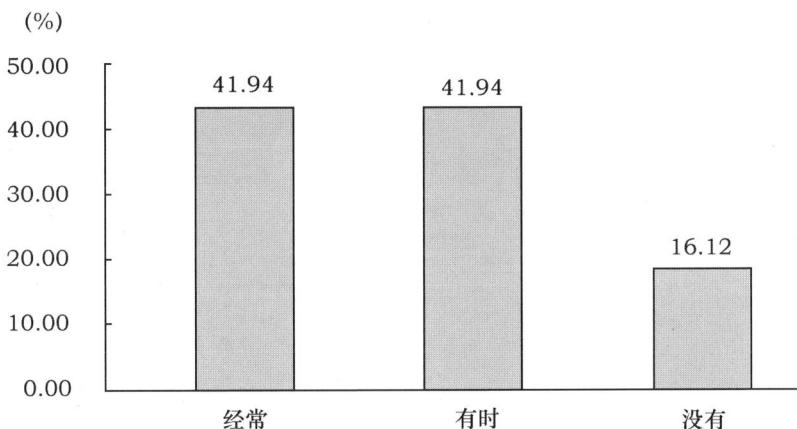

图4-3 创意灵感付诸实践的比例分析

知识产权的保护为人们的智慧劳动带来了肯定与收益，让大家看到了创新带来的新机会、新增值。这样的制度保障，一定会带动更多的个人、公司加入创新的行列中，为文化创意产业注入新的活力，实现更多的创意灵感。所以，好的制度保障是创意、创新的前提，有了源源不断的创意，就会有源源不断的收益，在利润的推动下，又会有更多的研发、制造，创造出更先进、更前沿的文化创意产品。如此周而复始，循环往复，就会形成更新换代、追求卓越的社会环境，使得文化创意产业最终走上可持续发展的道路。

第二节
文化创意成果不同阶段、不同模式的保护

一、文化创意成果不同阶段的知识产权保护

世界各国对文化创意成果所包含的种类虽然不完全相同，但基本上都是从艺术、传媒、文化遗产、功能创新4个角度，把文化创意产业划分为文化设施、传统文化项目、视觉艺术、表演艺术、出版印刷、多媒体、设计和创意服务8个类别。这8个类别基本上囊括了目前文化创意产业的所有内容。也可以说，知识产权的保护对象主要针对这8类文化创意产业生产过程中获得的文化创意成果。

在进行文化创意研发的工作人员眼中，对于文化创意成果有着与大众相比更为深入的认识。

由图4-4可知，有16.13%的创意人员认为文化创意成果是设计、装潢等视觉艺术，有19.35%的创意人员认为文化创意成果是一种新媒体的表现，有9.68%的创意人员认为文化创意成果是凝结智力成果的文化创意服务，有54.84%的创意人员认为文化创意成果是前述3项的集合。据此看出，文化创意成果的内涵在创意人员的心目中不尽相同。但创意人员基本都能够认识到创意成果不是与生俱来的东西，它是通过智力劳动、研发创新后以非物质性状态而存在的。

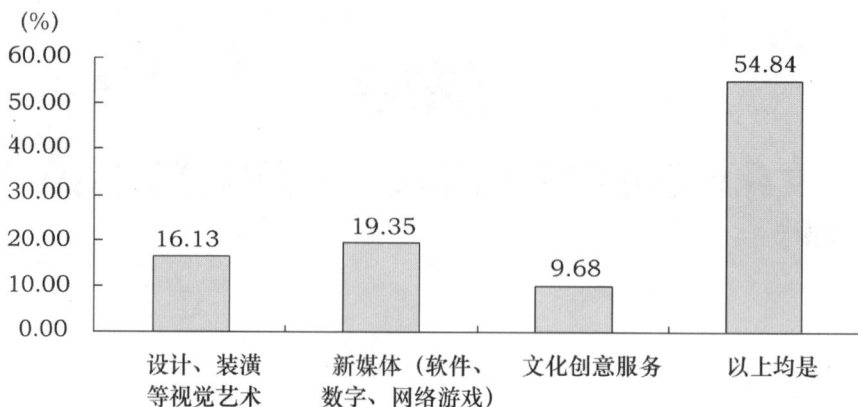

图4-4　创意人员对文化创意成果的认识分析

　　文化创意成果并非一朝一夕的产物，它的实现依赖于生产链的逐步完善与延伸。所以，独立地分析创意成果的保护是不可取的。文化创意产业的生产链以创意的产生为开端，经过创意的开发，再到创意产品的销售及创意产品的消费。创意成果也相应地从最初的思想观念，转化成作品、商品、服务等不同的形态。知识产权的保护贯穿这一过程，但也因生产阶段不同、产业形态各异而有所差异。应该以产业链发展中的研发、生产、销售、消费4个阶段为视角，一一进行分析。

　　在研发、生产、销售、消费的4个不同阶段，知识产权的保护形式与保护侧重点各不相同。那么，究竟哪一阶段是文化创意成果知识产权保护的关键时期呢？

　　由图4-5可知，在调研的文化创意企业中，有37.29％的创意人员认为研发阶段是文化创意成果保护的关键阶段，有20.34％的创意人员认为生产阶段应该是文化创意成果保护的关键阶段，有30.51％的创意人员认为销售阶段是文化创意成果保护的关键阶段，有11.86％的创意人员认为消费阶段是文化创意成果保护的关键阶段。

(%)

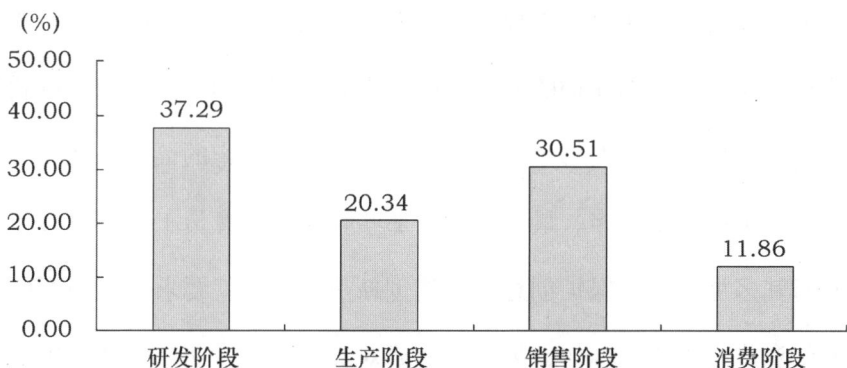

图 4-5　文化创意成果保护关键阶段的认识倾向

由此可见，对于文化创意成果保护的关键时期的认定，创意人员的考虑可谓仁者见仁、智者见智。当然，在这 4 个阶段中，每个阶段都有相关的侵权问题，对于不同阶段的侵权问题都应该得到相应的重视，有针对性地进行解决，从而加强文化创意成果的知识产权保护。

（一）研发阶段

在这一时期，创意成果还仅仅停留在创意者构思、创作的阶段，其表现形式充其量只能称为"点子""设想"。能否将这一构思通过创意表达出来，主要依赖于创意者的灵感、才华、技艺。而创意者虽处于研发阶段的核心地位，但也因自我保护能力太弱成为被侵权最多的一方。由于这一阶段的生产特点主要体现在艺术、媒体、各类创新设计（如时装、广告、平面、软件、建筑等）上。因此，著作权及其相邻权就成为知识产权保护的重要内容。

针对以上现状，首先，应该提高创意者自身的维权意识。笔者认为，只有让更多的创意者了解知识产权的法律法规，才能在保护自身创意不受侵害的同时，自觉尊重他人的知识产权，从侵权受害人变为积极维权的主力军。其次，要重视著作权登记的意义，主动及时地进行著作权登记。虽然知识产权法对著作权及其相邻权采取自动保护，但往往在遇到著作权纠纷时，自动保护的方式不能有力证明权利归属，不利于权利纠纷的解决。如果权利人事先就能在相关部门进行登记的话，那么权利救济显然就可以容易许多。最后，对于那些企业的创意员工，要在管理的同时对其多加鼓励，保护创意员工的创新热情。这就要求企业一方面要做好创意成果的归属工作，另一方面要对拥有职务发明、创意成果的员工个人给予物质奖励。

（二）生产阶段

在生产阶段，创意成果已经由之前的构思、设想，进入了具有实际可操作性的加工、生产过程，知识产权保护的客体也转为新技术、商业秘密。在这一阶段，企业面临着加工产品、进行大量生产投入的任务，必须准备足够的资金购买原材料、雇用员工，保证生产链正常运转。也正是这个原因，企业对于创意成果的知识产权保护所需要的资金投入、人力投入会受到严重的制约。但如果没有这些投入，仅仅依赖于企业、员工的自我约束，其保护力度之薄弱，保护难度之大也就可想而知了。

要解决这一矛盾，应该从多个方面入手，避免方式的单一化。推广数字加密、防伪标志措施对创意产品进行保护，就是一个投资少并适用广泛的好办法。而对于商业秘密的保护，公司应变被动为主动，在雇用创意人员时，就要明确提出竞业禁止的要求和创意成果的归属。有必要的话，还应当用劳动合同、保密协议的方式进行约束。另外，对于生产过程中完成的著作权要主动登记，努力将知识产权保护的成本与风险降到最低。

（三）销售阶段

文化创意成果进入销售阶段后，已经与创意者、创意企业相脱离，面对的是更加广阔、复杂、多变的市场环境。创意成果一旦进入市场，就意味着进入了知识产权侵权的多发阶段。在创意产品传播、销售的过程中，最突出的问题就在于我国知识产权保护的执法力度、处罚力度还很不够。在民事案件中，知识产权纠纷的赔偿金额低、举证艰难、追偿不易。而刑事制裁程序启动又非常困难。所以，权利人在自己的知识产权受到侵害时，往往认为打官司实在得不偿失，只能抱着得过且过的态度。这无形中也助长了盗版、假冒行为更加猖獗。对于盗版假冒者来说，明知违法成本低廉，面对侵权行为带来的"一本万利"，侵权处罚带来的那些罚金就显得实在"微不足道"了。

在这样的情况下，我国文化市场的盗版、假冒问题从未得到有效的治理。要扭转这一局面，首先，应该加大处罚力度，其实这就意味着增加了盗版假冒者的侵权成本，这自然可以起到抑制侵权发生的作用。同时，由于知识产权侵权的特殊性，权利人常常遭受侵害而在短期内并不知晓，等发现后又不能准确计算所受侵害的损失，致使其只能在法定赔偿范围内酌定赔偿，而赔偿额度往往是少于实际损失的。加大处罚力度，还能使权利人获得更多赔偿，这无疑是调动维权意识积极性的一种途径。其次，要健全知识产权的侵权查处机制，强化行政执法与司法衔接，加强知识产权综合行政执法，完善知识产权援助体系，将侵权行为信息纳入社会信息记录。最后，司法机关要简化程序，提高办案效率。知识产权案件前期举证难、诉讼成本高、周期时间长，特别是刑事司法程序启动困难，即便进入程序也不能保证获得预期的效果。如果能够简化司法程序，提高办案效率的话，那么"成本高、周期长、启动难"的问题也就迎刃而解了。

（四）消费阶段

同传统产业以产品为导向的价值创造机制不同，创意产业以消费者的需求为向导，观念价值的出发点和归宿点是消费者的感受，通过满足消费者的体验需求、文化需求，实现创意产业的价值创造。所以，当文化创意产业的价值链进入消费阶段，应该更多地从产品或服务的使用人——消费者的角度来考虑。目前，我国消费者对文化创意产品知识产权保护的观念还很淡薄，明知盗版而依然购买的也大有人在。该阶段知识产权保护的重点是要提高消费者的知识产权保护意识，这也是保障文化创意产业的发展秩序、延续文化创意产业价值链的关键所在。深入群众进行知识产权保护的法律法规宣传，使其在现实生活中能够认识到在知情的情况下购买侵权产品对自己、权利人、创意企业、社会的危害，已经成为打击侵权，稳定文化市场，保障权利人、消费者权益的关键环节。

二、文化创意成果的知识产权保护模式

文化创意产业新而复杂，不但创意成果多种多样、行业种类五花八门，而且存在着专利权与著作权保护、商标权与商业秘密保护竞合的可能性。任何单一形态的知识产权对创意成果已难以做出全面、到位的保护。应该树立著作权、专利权、商标权、商业秘密等权利复合保护的观念。

在实践中，越来越多的文化创意企业选择知识产权作为文化创意成果的保护途径，但由于各自的创意成果不同、生产方式各异，自然对具体保护模式的选择也不尽相同。

由图 4-6 可知，有 14.28％的文化创意企业或创意人员有过申请发

明专利的经历，有 28.57％的文化创意企业或创意人员有过登记著作权的经历，有 40.48％的文化创意企业或创意人员有过申请注册商标的经历，有 16.67％的文化创意企业或创意人员没有过前 3 种知识产权的保护经历。

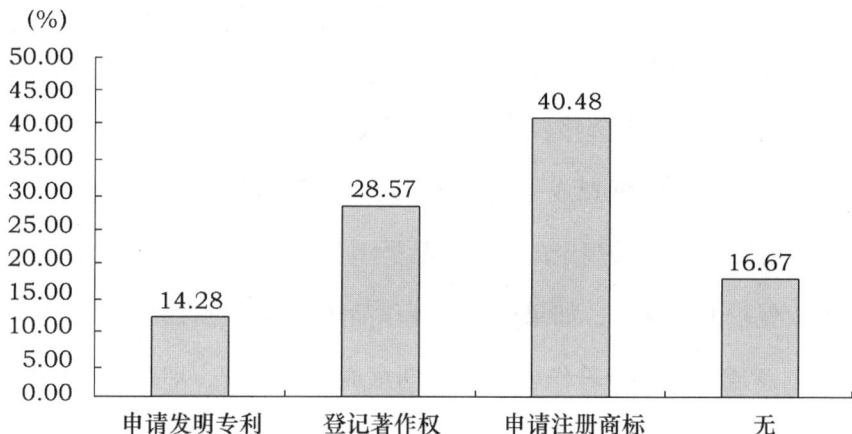

图 4-6　文化创意企业知识产权保护模式的选择

由此可以看出，绝大多数的文化创意企业和创意人员都以不同的知识产权保护模式对自己的创意成果进行过保护。知识产权模式对大多数创意企业与创意人员来说并不陌生。但同时也应该注意到，还存在少数企业与创意人员在产业发展中，并没有采用过任何知识产权的保护模式。造成这种现状的原因无非有两个：第一，这些企业和个人不愿选择知识产权的模式保护文化创意成果；第二，他们并不了解知识产权，不懂得如何利用知识产权保护自己的文化创意成果。

（一）著作权保护模式

著作权保护是文化创意成果知识产权保护中最为普遍、最为重要的保护途径，也可以说是创意成果保护的内核模式，对此本书做出了以下 3 点分析。

1. 著作权保护的创意成果类型

"著作权"这一法律术语，学理上有狭义和广义之分。狭义的著作权仅指作者对作品享有的所有占有权利。广义上的著作权还包括邻接权，即作者之外的民事主体对作品之外的客体享有的一系列专有权利。例如：歌曲《传奇》，刘兵作词，李健作曲，由歌手王菲在春晚翻唱后红遍大江南北。那么，刘兵、李健作为词曲作者，他们二人享有的就是狭义的著作权，而王菲则享有邻接权——表演者权。

著作权保护的创意成果与《中华人民共和国著作权法》（以下简称《著作权法》）第三条规定的9种作品类型是相一致的。在确定作品属于著作权保护的基础上，如果分析发现作品还具有独创性，那么其就属于文化创意成果，属于著作权对文化创意成果的保护，即"著作权作品＋独创性"。对独创性的界定应当从主观和客观两个方面入手，即独创性是作者在创作作品过程中投入了自己的创造性智力劳动，并形成了可以与其他作品（或材料）明显区别的表现形式或表达方式。

2. 文化创意成果著作权的归属

一般来说，著作权取得即归属是权利取得的普遍情况。在学理上，著作权的取得方式有注册取得、加注版权标记取得、自动取得3种形式。我国采用自动取得的原则，也就是说作者完成作品之时就是取得著作权保护之时。但为了更好地保护作者著作权免遭他人侵害，从1995年起，我国施行《作品自愿登记试行办法》，作者可以用登记的方式获得自己拥有著作权的有力证明。

我国《著作权法》明确规定著作权属于作者。对这里的"作者"，通常情况下是指在作品上署名的自然人，但也不排除是法人或其他组织。因为法律规定，在法人或其他组织主持、提供资金、场地、设备的支持，

承担创作责任的情况下，自然人因代表法人、其他组织完成的作品不享有著作权，其权利归属于法人或这一组织。例如，在文化创意产业中，游戏软件是最具代表性的创意成果了。一般游戏软件的开发都是由软件公司技术部的程序员在日常工作中编写、研发出来的。编写软件对这些程序员来说就是工作，那么其软件的著作权就归软件公司所有。

法律对特殊作品的著作权归属存在不同的规定。汇编，就是指对一些不能构成作品的材料、资料及若干作品、作品里部分片段进行内容的编排和选择，使其重新成为独立的作品。汇编作品首先要通过所选作品的各个作者的同意。其次作品内容的选择、编排要体现汇编作者的独创性。例如，画家李平凡先生的《版画情缘》一书，就是一方面收集有关版画的文章；另一方面收录大量中外版画作品，按年代分类，配制作者本人的介绍，汇集成册，形成新的创意成果并出版发行，成为畅销的汇编作品。

演绎作品是指在保留原作品基本内容、思想的前提下，为作品增添演绎作者具有独创性的新表达，从而形成全新作品。演绎的形式主要包括改编、注释、翻译、整理等。法律规定，通过这几种形式完成的演绎作品具有独立的著作权，并且该权利归演绎者所有。但演绎者不能因为演绎作品的完成而代替原作者享有著作权，或者以此原因对原作品著作权进行侵害。例如，电视剧《红高粱》的剧本，就是典型的演绎作品。编剧赵冬苓在莫言先生的小说《红高粱》的基础上，改变了原著的写意风格，更加注重翔实的情节描写，加入朱豪三、张俊杰、淑贤等性格迥异的人物形象，最终形成了一个60万字包含58位人物的剧本。对这样一部浸入作者创作智慧、灵感，富有独特性的文化创意成果，赵冬苓自然享有著作权，但这并不意味着赵冬苓可以替代莫言先生成为小说《红高梁》的著作权人。

委托作品是以委托人与受托人订立的委托合同为基础，受托人依照合同要求、履行合同义务而完成的创意作品。在这一创作过程中，受托人融入自己的技术、才艺，也可谓是智力创作的结果。所以，根据法律规定，可以依照双方合同的约定来确定委托作品著作权归哪一方享有。若没有明确约定的话，著作权归受托人享有。最典型的例子莫过于人像摄影了。新婚夫妇去影楼拍摄结婚照，也就等于委托摄影师为他们创作摄影作品。作品完成后，若双方没有约定著作权归属，那么这组摄影作品的著作权归摄影师享有。

3. 创意成果权利人所享有的著作权利益

众所周知，著作权包括人身权、财产权两个方面的内容。文化创意成果的权利人自然也因著作权的保护而享有财产上的权利和人身上的权利。

发表权、署名权、修改权、保护作品完整权是权利人的主要人身权利。这四项权利不受保护期的限制，与权利人的名誉、尊严、声望、社会地位息息相关，既不可转让给他人，也不可继承给子孙。

著作权法的根本目标是促进优秀作品的创作与传播，而使创作者从对作品的利用中获得相应的经济回报则是实现这一目标最为重要的手段。权利人财产权利的转让、继承不受限制。例如，作家桐华的网络小说《步步惊心》在网络上传播，就是作者行使信息网络传播权的表现。某出版社与桐华签订出版协议，负责出版这部小说，这样的做法是作者行使出版权。上海某电影制作公司发现后，欲以此小说原版为基础，委托桐华将此小说改编为电视剧剧本。桐华表示同意，并将该小说最终改编成电视剧《步步惊心》剧本。在这一过程中，桐华行使了摄制权、改编权。

某广播电视台想在其小说广播节目中广播桐华的《步步惊心》小说并取得了作者同意，这就是作者行使了广播权。

（二）专利权保护模式

一般认为，专利制度起源于 12 世纪、13 世纪的西欧国家。之所以要设立专利制度，最为核心的因素就在于刺激更多的民众发挥聪明才智、投身发明创造活动，从而不断推进生产力的发展。到了 21 世纪，伴随知识经济的发展，文化创意产业与现代科学技术相结合，专利权竞争已成为国家之间、企业之间的主要竞争手段。以下就以专利权对文化创意成果的保护为视角，做出具体分析。

1．文化创意成果的专利权属性

专利权保护客体主要包括发明、实用新型、外观设计。文化创意产业涉及的广告、设计、时尚、新媒体、电影电视、创意研发、软件开发等产业，都不同程度地受到专利权的保护，成为专利权保护的客体。同时，专利权因独占性更强而更具保护力，相应的创意成果若想发挥新颖性，获得丰厚的利润，占据更多市场份额，就离不开知识产权对专利权的保护。

发明是智力劳动的结果，是从无到有的过程，知识产权意义上的"发明"与日常生活语境中的"发明"并不相同。《中华人民共和国专利法》中的"发明"，必须是一种技术方案，并且可以稳定地重复使用。例如，IT业的U盘（闪存）技术，就属于文化创意产业中发明成果的代表。还有乔布斯的苹果品牌，实际上就是一项科技发明，是通过不断的创新、创意实现了文化、经济、科技的高度融合。

实用新型也是一种技术方案，但因其独创性、新颖性都低于发明而有所不同。实用新型主要解决一些实用技术问题，通过对产品的形状、构造提出新的方案而获得专利权的保护。例如，用玻璃纤维制成的折叠集装箱就是一种实用新型专利，它解决了传统集装箱体积庞大的问题，折叠后的体积一般会减少 25%。

外观设计与发明、实用新型有着本质上的区别。外观设计的创意，其目的并非要解决什么实际问题，而是通过对产品图案、色彩、形状的创新与设计，使得产品外观更加美丽、独特，从而吸引更多消费者的眼球。外观设计在文化创意成果中的体现比比皆是，因为在许多创意产品上都需要与外观设计相结合。

2. 权利人享有的专利权内容

专利法规定权利人享有的专利权主要包括制造权、使用权、销售权、许诺销售权、进口权。制造权是指专利权人以生产经营为目的排他地制造产品而受到专利保护的权利。使用权是指专利权人以生产经营为目的，享有使用专利方法或专利产品的权利。销售权是指专利人销售自己拥有专利权的产品受到法律保护；在未经许可的情况下，他人若以经营为目的，销售该专利产品，就是对专利权的侵犯。许诺销售权是一种意思表示，是指专利权人有权利通过展销会展览、橱窗陈列、街头展示、打广告等方式向外界做出愿意销售专利产品的意思表示。进口权是指专利权人有权从海外进口专利产品，并有权阻止专利产品进入国内，更好地保护自身权益不受外来专利产品的侵害。

外观设计专利权的内容不包括使用权，这是外观设计专利权与其他专利权的不同之处。也就是说，使用人以生产经营为目的购买使用并未获得专利权人许可，即制造、销售的产品不构成侵权。例如，甲公司研发设计了一款造型别致、精巧的便携式香水瓶，并经申请获得了外观设

计专利权，乙公司在没有甲公司许可的情况下，伪造了甲的设计且制造销售，丙购入乙公司的产品用于包装自己生产的精油。那么丙的使用，就不构成对甲外观设计专利的侵权。

3. 文化创意企业的专利管理策略

在阐述专利权保护模式的开篇就论述了专利对文化创意产业的重要作用及文化创意成果的专利权属性。研究文化创意产业生产链可以看到，与专利权联系最为紧密的环节就在于企业对创意成果的专利权管理。文化创意企业离不开专利权，拥有专利权就等于拥有了核心竞争力，所以，从实务操作的角度研究文化创意企业的专利管理策略是非常有必要的。

设立独立的专利管理工作部门。文化创意企业与其他企业一样，都会包括销售部、行政管理部、生产部等机构设置，但真正设立独立专利管理部门的企业却寥寥无几。大多数企业的做法是将专利工作划分给企业的法律事务部门。然而，从知识经济和科学技术的发展来看，设立独立的专利管理工作部门是必需的。首先，专利管理区别于一般意义上的法律事务工作。专利工作要求的知识面比较宽泛，在掌握专利法律知识的前提下，特别还要具备一些理学、信息技术类的专业知识。只有这样，管理人员才能帮助企业判断哪些技术方案可以进行专利保护，哪些新技术具有新颖性和独特性可以申请专利权。其次，专利工作包括一系列的管理活动，既有申请、使用的对内工作，也有维权、打击侵权的对外工作，专业性强而内容复杂多变，需要专职部门、专职人员进行管理。

专利管理部门的基本工作。成立该管理部门，应该对全企业的专利工作进行全盘管理。首先，就是要通过专利管理部门为企业选拔、培训一批批优秀的专业技术人员。文化创意产业要发展，企业技术团队就是新专利、新产品不断涌现的源头所在。专利管理部门应该通过多种渠道为企业选拔具备创新潜质的技术人才。例如，通过校园招聘吸收新生力量进入企业，深入生产一线，在熟练工人中挑选技术过硬又勇于创新的骨干力量。只有这样，企业的创新之源才不会枯竭。其次，对企业的技术创新人员要进行定期的培训，让他们了解专利保护的常识和途径，懂得用专利权保护自己的利益，避免侵害其他专利权人的利益。通过培训，及时与员工进行沟通，对研究进度、研究成果跟进掌握，以便对新技术、新成果能够在第一时间申请专利权的保护。再次，对是否申请专利、申请何种权利要进行严格把关。申请专利并非易事，一旦决定申请，就意味着要花费大量的人力、财力和精力。而又因专利的授权比例低，所以这些投入不代表最终一定会有期望的结果。同时，任何事物都有其两面性，包括专利申请。如果申请成功，确实能为企业带来 10 年、20 年的有力保护，但也会使企业的技术发明公开，待保护期限届满后，这项发明或技术等于无偿贡献给了公众。面对这样的利弊，是否申请专利，是申请商业秘密保护还是申请专利保护都不能盲目。专利管理部门要结合市场因素、前景因素、投入产出比例、竞争因素等内容进行多次论证，力求达成最利于企业发展的方案。最后，专利管理部门要做好时限的监控。专利申请提交后，专利管理部门对申请费用的缴纳，专利年费的缴纳、优先权时间等程序工作的时限要准确掌握，积极履行义务，避免因如到期未缴纳年费这样的错误而使企业丧失专利权的保护。

（三）商标权保护模式

如果觉得著作权、专利权这样的知识产权保护模式与普通大众的生活相去甚远的话，那么接下来所要论述的商标权保护模式一定与每一个人都有密切的联系。著作权、专利权的确会让人们觉得没有载体，感触

不到。但是商标权却无时无刻充斥在我们日常生活的周围，既让人可以看到，也让人获得直接的体验。例如，文字商标——"汇源"，字母商标——"SONY"，图形商标——彪马服饰上奔跑的美洲豹图案，这些商标都是我们随处可见的。下面就针对文化创意成果的商标权保护做出如下两点分析。

1. 文化创意产业与商标权

商标是商品或服务的提供者为了将自己的商品或服务与他人提供的同种或类似商品或服务相区别而使用的标记。识别功能、质量保证功能、广告宣传功能是商标具备的 3 种主要功能。识别功能是商标最为重要的功能，体现设立商标的本质目的，即通过对商标的识别，达到对相同、相似商品或服务的提供者的识别。例如，在当下流行的众多回合制角色扮演网络游戏中，玩家们也许并不关注每款游戏的出品公司，但他们通过商标的识别，很快就能发现哪款是"神武"网游，哪款是"梦幻西游"，从而进行购买的选择。质量保证功能用一句话来解释，就是同一商标代表同一品质。例如，"CRYSTAL CG"是北京水晶石数字科技股份有限公司的商标，该公司致力于数字视觉创意，在上海、杭州、青岛、西安、东京、伦敦等城市都设有自己的工作室或分公司，是北京奥运会和上海世博会的多媒体设计提供商。众多的消费者购买"CRYSTAL CG"产品，并不会特别留意是在哪个产区生产的，而更加关注的是它独特的创意风格和良好的口碑。广告宣传功能是商标本身所包含的内容，许多企业在对产品和服务进行宣传时，都会和自己的商标结合起来，让广告宣传更加深入人心，激发消费者的购买欲望。例如，"易趣"网站的广告词——"易趣，交易的乐趣"。虽然只有短短 7 个字，但经过大力宣传，使消费者一听到"易趣"、一看到"易趣"商标，就会想到易趣网主营的电子商务产品。这样，"易趣"实际上已经起到了很好的宣传作用。

申请在先是我国商标注册遵循的主要原则。在遵守申请在先原则的同时，对于像卷烟、烟丝等特殊商品，国家规定必须进行商标注册，商标未经注册，或者注册后未被批准的，该商标则不得进入市场销售。另外，注册并非获得商标权的唯一途径，对于那些虽然没有注册，但由于其在长期的商业活动中已经起到了识别商品或服务的作用，也应获得商标权的保护。那些未经注册的驰名商标就是例证。

商标权的取得包括原始取得和传来取得两种方式。原始取得是指因注册的方式直接得到商标权或企业通过对商标的长期使用而获得商标权。传来取得也有两种方式，一种是通过商标转让合同，使受让人得到商标权；另一种是商标权发生了客观转移而改变了权利归属。例如，公司因兼并发生商标权的转移；根据被继承人遗嘱，继承人继承其商标权。

文化创意企业要实施商标战略就必须具备品牌创意。

首先，著作权的保护不能涵盖所有的文化创意成果。我们往往以为将一件创意作品完成就获得了著作权的保护，却忽视了将这一作品中具有独创性的设计、名称等注册为商标，予以保护。而暴露在著作权保护之外的那些卡通人物名称、电视节目设计等文化创意成果，更是需要通过商标保护策略创造品牌利益。

其次，品牌经营是文化创意产业的永恒课题。如前所述，商标具有质量保证的功能和广告宣传的作用。文化创意企业对品牌的经营就是对生产力、竞争力的经营。品牌经营不光为消费者挑选商品带来了便利，节省了时间，而且也反映产品的质量，满足消费者精神的追求。这也是品牌文化价值之所在。

最后，我们还要看到，"商标"设立本身就包含着文化创意人员的独

创性和新颖性。对于文化创意企业来说，由于创意产品是基于创意相关的智力性成果拓展开来的，标识其独特产品的商标就更加具有重要的商业价值。应用商标制度推进文化创意产业的发展是企业的正确选择。

2. 文化创意产品中驰名商标的认定与保护

驰名商标（well-known trademark），特别代指那些大众认可、口碑良好、竞争力强、被相关公众所熟知的商标。在驰名商标中凝聚的是一个品牌较高的商誉和可信赖的品质。有的驰名商标甚至还具有表现使用者身份、品位的作用。驰名商标的价值在一定程度上已经脱离了商品，具有独立性。商标自身就蕴含着高昂的经济价值。

在我国，对驰名商标认定的核心原则，就是被中国相关公众所知并具有好的商誉。对于"相关公众"的认定，各国的规定有所不同。我国商标法所称"相关公众"，是指与商标所标识的某类商品或服务有关的消费者与前述商品或服务的营销有密切关系的其他经营者。例如，对于"美的""康师傅"这样的商标，在中国绝对称得上路人皆知，而像"金士顿"这样的内存模组产品品牌，就未必有这么高的知名度了。但这并不影响它成为驰名商标，因为"金士顿"在IT行业具有良好的信誉和惊人的销售量。

对于文化创意产业中驰名商标的保护，主要包括3个方面的内容：第一，对未注册驰名商标禁止"同类混淆"。例如，"神话"商标案。Joon Media公司拥有"神话"这一商标的使用权，该公司是韩国著名的传媒公司，旗下拥有不少的歌星、影星。2012年，Joon Media公司单方面将韩国神话组合的所属公司告上了法庭，称其侵犯了本公司的商标权，要求神话组合停止使用"神话"这一名称，这就是典型的同类混淆。第二，对已注册的驰名商标禁止"跨类混淆"。例如，"卡地亚"商标案。广东佛山的一家陶瓷公司为其新上市的一款瓷砖命名"卡地亚"系列，并在产品包装、宣传广告上都标有"卡地亚""Cartier"。事实上，"卡地亚"这一驰名商标的归属权由卡地亚国际有限公司享有，这家跨国公司在国际市场上拥有很好的信誉，其专营的首饰和腕表享誉全球。陶瓷公司虽然将这一商标用于瓷砖，与首饰、腕表并非同类，但仍会误导消费者认为这款瓷砖与卡地亚公司有某种程度的联系，这种做法，就是对驰名商标的跨类混淆。第三，对已经注册的驰名商标要防止淡化。淡化驰名商标主要是将该商标使用在不同的商品、服务上，久而久之就会削弱与自身产品或服务之间的联系，进而入侵驰名商标所蕴含的良好信誉。青岛创意产业园以"创意100"作为产业园的商标。假如有人在鞋帽、化妆品、娱乐等商品或服务上都标注"创意100"商标并投入生产，一段时间后，人们看到这个商标，联想到的不仅仅是青岛创意产业园，还会有化妆品、娱乐服务等其他内容。这样一来，"创意100"这一商标就已经受到淡化的影响了。

第三节
我国文化创意产业知识产权保护的现状及域外借鉴

一、我国文化创意产业知识产权保护的现状及问题

（一）文化创意企业的知识产权保护意识有待加强

1. 加强投入，鼓励创新

创新设计、创意研发是公认的文化创意企业成长与壮大的动力所在，但我国的现实情况却不容乐观。以 2005 年为例，我国仅有 0.03％ 的企业真正拥有自主知识产权的核心技术，对外技术依存度达 50％，高技术含量产品 80％ 以上依赖进口。因此，文化创意企业更应该创建有利于创意研发的制度保障，激励创意人员的工作热情，保证企业能够不断推陈出新、不断占领市场。要实现这一目标，首先应该加大创意研发的资金投入。

由图 4-7 可知，文化创意企业中有高达 35.71％ 的创意人员认为企业用于创意研发的资金投入并不充足。分别有 16.13％、19.35％ 的创意人员认为企业用于创意研发的资金充裕或足够。同时应该注意到，有高达 28.81％ 的创意人员对在企业用于创意研发的资金投入情况并不清楚。

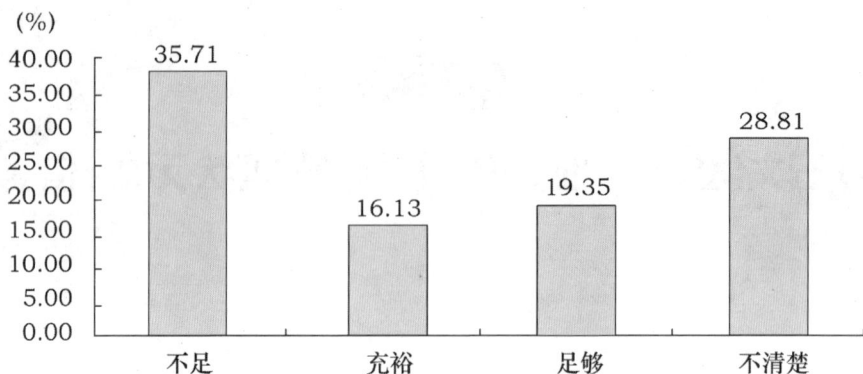

图 4-7　文化创意企业用于创意研发的资金投入情况

　　这就说明，文化创意企业中创意研发资金不足的问题普遍存在、亟待解决。因为充足的资金保障是创意研发的基础和动力。有那么多的创意员工不清楚公司用于创意研发的资金投入情况，同样说明文化创意企业创意研发的相关工作还没有到位，没有充分地把创意人员纳入企业创意研发的主力军。

　　笔者认为要激励创意人员的工作热情，必须在公司内部实行奖励政策。

　　由图 4-8 可以看到，有 77.42% 的文化创意企业对于创意人员的创意研发采取保护、奖励的政策，其目的在于促使更多的创意人员能够投入创意研发工作，为企业带来新产品、新收益。当然，还存在 22.58% 的文化创意企业对创意研发并不采取奖励政策。这就说明，虽然绝大多数的文化创意企业重视创意研发，对其采取奖励政策，但依然有不少企业对创意研发并不采取鼓励政策，这无疑会阻碍员工投入创意研发的积极性。

22.58%

■ 是
■ 否

77.42%

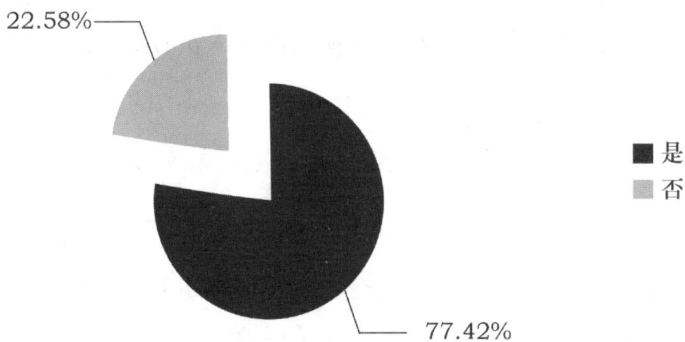

图4-8 企业对创意研发奖励政策的选择与否

2. 树立保护意识，提高保护能力

如前所述，文化创意企业想要有长足的发展、丰厚的利润，就必须重视创新、创造，推出更多的文化创意成果。但是，如果只是拥有文化创意成果而缺乏保护意识，再多的创意也只能付诸东流。这里所说的企业知识产权保护意识包含两个方面的内容，一是要学会利用法律的有力武器，保护自己的文化创意成果免遭侵权；二是在复杂多变的商业竞争中，要避免侵犯他人的知识产权，以防卷入法律纠纷不能自拔。这就要求企业必须深入学习知识产权法律知识，在利用他人的创意成果前先做全方位的调查了解工作，并谨慎处理权利归属、知识产权事务。

目前，我国文化创意企业知识产权保护意识还很薄弱，许多文化创意企业及创意人员面对文化创意成果遭受侵权的现实，不能选择正确的解决办法。

由图4-9可知，有52.63%的创意人员在受到知识产权侵害时选择求助于工商行政管理部门。而寻求司法保护的人数占28.94%。还有10.54%的人员选择私下解决的方式。另外，不采取任何行动和不知道该怎么办的人数分别占 5.26% 和 2.63%。

由此我们看到，文化创意企业及其创意人员在知识产权遭受侵害时更多的是依赖于行政管理部门，这比选择司法保护的比例高出将近一半。而选择私下解决的人数占 10.54%，可以说也不在少数。更为棘手的是，还有 5.26%、2.63% 的文化创意人员在知识产权遭受侵权时选择不采取任何行动制止侵权、维护自身权益，或者根本不知道该怎么维权，只能被动承受。虽然这其中也包含有司法程序复杂、启动困难，司法制度保护不够完善等原因，但也能充分地说明，文化创意企业知识产权保护的意识还很淡薄，维权的主动性和积极性有待提高。

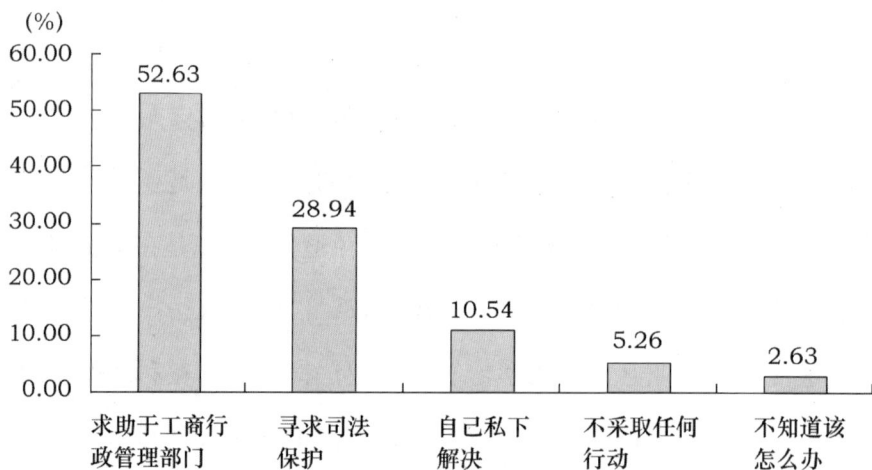

图 4-9　侵权下文化创意企业保护途径的选择

同时，加强企业知识产权保护意识，也是扭转我国经济发展模式、振兴民族经济的有效途径。当今的中国的确是世界制造大国，但暴露于"世界工厂"称谓下的，是我们缺乏知识产权核心技术的软肋。中国的经济增长是以获取廉价的劳动力、消耗巨大的资源和牺牲环境为代价而取得竞争优势，由于知识创新、制度创新的市场内生需求和动力不足，又导致教育和文化无法从根本上摆脱低水平发展状态。我们为世界上许多著名品牌加工产品，以优质的质量得到好评，销往世界各地。但这些加工企业生产自己的品牌，在自己的国家出售却始终无法摆脱"一流质量，二流品牌"的困境。要改变这样的现状，光靠政策扶持、国家指导还远远不够。只有企业从灵魂深处认识到创新、创意的重要价值，才能敢于投入、打造品牌，用知识产权积极维护自身权益不受侵害，从而在国际竞争中壮大规模、谋求发展。

（二）知识产权保护的主导地位尚未确立，创新能力有待提高

在文化创意产业的生产链中，不论是一开始创意的产生与表达，还是后来的创意转化为产品设计，再将设计方案投入生产，其每一个阶段都离不开创意性或智力成果。通过创意者的创造性智力劳动，文化创意产业利用一定的有形或无形载体将创意成果表现出来。围绕创意产业、智慧成果等因素，结合文化创意产业的知识产权属性，确立知识产权保护的主导地位，建立知识产权保护体系，才是文化创意产业的全方位保护途径。然而，目前我国的发展状况显然事与愿违，文化创意产业至今仍未确立知识产权保护的主导地位，严重影响着文化创意的发展和创新能力的提高，全面的文化创意保护体系更是无从谈起。

自主创新能力一直是我国文化创意产业发展的"瓶颈"。就目前国内市场上的文化产品来看，大多是以复制、模仿为主，缺少鲜明的创新性。这样的做法不仅背离了民族文化与人民群众的市场需要，而且严重阻碍我国的文化创意产业形成独立、完整的产业链条。

不可否认的是，造成上述现状的原因是多方面的。但要改变这样的现状，首先必须明确创新困难的原因，并进行克服与解决。

由图 4-10 可知，创意收益有限和激励机制不够是文化创意企业创

新困难的主要原因，二者所占的比例分别为 29.41% 和 26.47%。缺乏独到的思维方式、缺乏探索钻研的精神和缺乏交流能力也是制约企业创新、创意生成的原因所在。

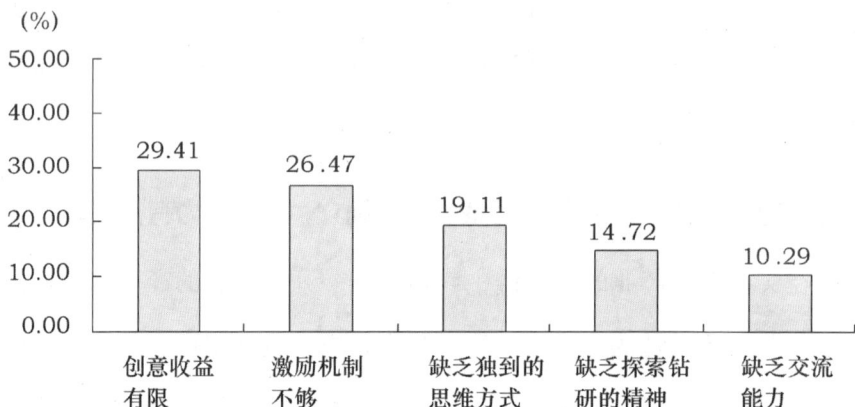

图 4-10　文化创意企业创新困难的原因分析

从知识产权保护的角度来讲，由于企业、民众的法律保护意识淡薄，维权成本高、周期长等因素，在文化创意产品面对困境与纠纷而要选择保护途径时，知识产权保护往往并非首选。事实上，文化创意产业的知识产权属性，充分决定了知识产权保护是其发展的根本途径。企业与民众都应清醒地看到，知识产权的保护更有利于激发权利人的积极性和创造性。权利人通过多方努力获得创意成果，其最终目的是希望获得经济收益。如果不通过有效的法律法规对其文化创意成果进行保护，就意味着有损于权益者的财产权利，那么势必会阻碍他们投身文化创意活动的积极性。有知识产权保护做基础，才能扫除权利人的后顾之忧，文化创意产业才能沿着"保护—收益—创意动力"这样的良好循环路径不断发展，不断创新，最终让我国的文化创意产业彻底摆脱创新能力不足的困境。

（三）文化创意成果保护缺失，侵权频现

对于大多数文化创意企业来说，文化创意成果遭受侵权恐怕已经是他们最为苦恼又不可避免的事实。

由图 4-11 可知，有超过六成以上的文化创意企业或创意人员的知识产权遭遇过侵权行为，这也正是目前我国文化创意成果屡遭侵权的具体表现。

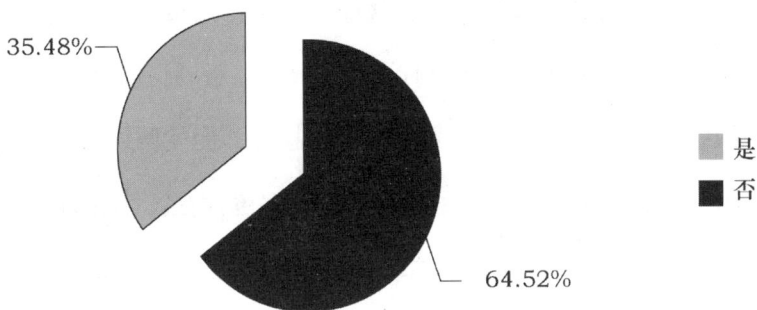

图 4-11 文化创意成果是否遭受侵权的比例分析

文化创意产业作为凝结知识产权的创造性产品和服务的生产、扩散、聚合体系，其核心内容是创新活动，本质特征体现在对创新产业的收益上。从产业价值链的角度进行分析，我们可以发现，由于接近价值链两端，即创意设计、创作和公众消费阶段的产业活动的参与者更多，组织更分散，其知识产权的保护相对更加薄弱，侵权发生也更为频繁。从客观上来看，文化创意产品相对于传统文化产品而言，必须在前期投入高额资金，但始终面临成品产出后进行复制非常低廉简便的窘境。特别是如果文化创意产品以数字化信息为载体的话，复制和创新的成本比较接近于零。

近年来，伴随信息网络技术的发展，越来越多的文字、图片、视频利用数字化技术，以网络为媒介，形成了新兴的文化创意产品，包括网络广告、网络游戏、网上音乐等多种多样的形式。大量以网络数字为载体的文化创意产品的涌现，虽然让我们的生产生活方式更加方便快捷，但同时也使我们面临着新的问题——如何保护以数字网络为载体的文化创意成果？

在现实生活中，数字网络文化产品的侵权事件屡禁不止，一直未得到有效的解决。大到五花八门的数字网络产品，小到个人的网络微博，被侵害的领域可谓是越来越广泛。就连一举摘得诺贝尔文学奖的莫言先生也曾表示，其著作的网上电子书绝大多数为盗版。再以网络游戏为例，我国的网络游戏玩家一直呈现逐步增长的趋势，促使网络游戏产业飞快发展。每一款网络游戏从设计到发行问世，都包含着设计者的创意成果。著作权理论一直强调"思想、表达二分法"，造成网络游戏产业中受到保护的主要是其创造的外观产品的著作权。创意思维、创意风格往往因为没有及时转化于物质载体而不能予以保护。创意者面临被抄袭的情况，举证又相当困难，极大限制了网络游戏的创作和发展。

综上所述，我国知识产权保护制度的建立时间较短，众多问题还处于探索和完善的阶段。数字网络文化创意成果侵权问题突出；公众对知识产权的认识欠缺，保护意识淡薄；政府、企业也没有相应地加强对公众、员工知识产权的宣传教育。这样的现状，降低了创意主体收益的同时，更加阻碍了创意主体的创新热情。没有了创新，无疑是我国文化创意产业发展的巨大损失。

（四）政策、法律不完善，未形成统一的保障体系

目前，我国文化创意产业的立法活动已经获得了一定的进展，先后颁布了《电影管理条例》《出版管理条例》《音像制品管理条例》《计算机

软件保护条例》等法律规范。但是长期以来，我国文化创意产业的法规制定，过分重视对审批的规定，而忽视了有关产业保障和发展的法规完善。有些法规甚至还带有计划经济和地方保护主义的色彩。同时，我国现行的知识产权法律制度对文化创意产业的保护属于事后保护，这就使得文化创意成果在研发过程中的法律保护处于真空状态。而对于新型创意产品、创意文化的法律保护缺失，立法相对滞后等问题，更是严重阻碍着现今我国文化创意产业的发展进步。例如，近几年在文化创意产业领域流行起来的时尚设计、广告设计等行业，其文化创意成果由于同质性很强，导致在实践中对抄袭、剽窃的行为难以界定，而我国与此相关的法律法规，在著作权、专利权保护的内容、范围、方式等方面还属于空白。

发展文化创意产业不光要依靠市场机制的自我调节、法律法规的有力保障，更要依靠切实可行的政策支持。发达国家的文化创意产业之所以创新频出、保护完善，其中一个很重要的因素就是国家的政策支持。我国对于文化创意产业政策的研究时间不长，成果较少，促进政策主要是集中在经济发展迅速的省、市。这些地方出台的促进政策从税收优惠、发展空间等方面为区域文化创意产业的发展带来帮助。但仅仅依靠地方政策，力度显然不够。我们应该学习英国、日本，为文化创意产业制定国家层面上的保护政策。只有这样，才能对文化创意产业有一个统一的、整体的指导。利用政策保护文化创意产业的知识产权，能够弥补法律滞后、灵活性差的缺陷，势必更加有针对性地跟进和调整对文化创意成果的保护。

（五）分散的行政管理体制阻碍知识产权的统筹保护

总结发达国家对文化创意产业的保护经验，我们看到英国的DCMS（文化、传媒和体育部）组织、日本的知识产权战略本部都起着举足轻重的作用。这两个组织究其本质都属于国家为发展文化创意产业而成立的行政管理机构，致力于协调政府其他部门和社会各界力量介入文化创意产业，进行产业基础研究，并分析总结本国产业发展现状、提出发展计划。同时，这两个机构还通过产业宣传、知识产权保护、输送创意人才、进行员工培训、利用财政补贴、出口优惠等多种具体的措施推动本国文化创意产业的发展。

目前，我国的文化创意产业还没有一个专门的行政管理机构。像出版印刷、影视广播以出版方式发行，以版权保护为核心的传统创意产业，都由文化和旅游部进行管理。但以网络数字为载体的新型文化创意产业目前由工业和信息化部管理。多部门的管理现状不但无益于文化创意产业的发展，而且也影响文化创意产业相关法规、政策的制定与推广。除此之外，我国的知识产权管理长久以来分属不同的部门，多头管理的模式导致专利管理机关、著作权管理机关、商标权管理机关仅在自己的职权范围内行使法律所赋予的行政管理职能，而不考虑从整体上、从产业化的角度管理、指导、服务文化创意产业。目前，我国既未制定针对文化创意产业的规章制度，也没有从宏观上指导文化创意产业的知识产权管理政策，再加上各部门经费、机构、人员配备各不相同，统筹规划受到很大的制约。

二、国外对文化创意产业的知识产权保护实践

在当今社会，文化创意产业早已不再仅仅是一个理念，而是有着巨

大经济效益的现实实践。特别是发达国家的众多创意产品、营销、服务，吸引了全世界的眼球，形成了一股巨大的创意经济浪潮，席卷世界。产业的发展更是带动了知识产权保护的成熟与完善。分析发达国家对文化创意产业知识产权保护的实践情况，是借鉴法律成果，弥补自身不足所必不可少的部分。

（一）英国——多元主义保护体系

英国不仅是世界上第一个提出"创意产业"定义的国家，而且还是世界文化创意产业的发源地。一直以来，英国都非常重视文化创意产业的发展，其文化创意产业的发展成就可谓是有目共睹。早在 1997 年就提出了以发展文化创意产业为核心的"新英国"计划，并且任当时新上任的布莱尔首相为组长，1998 年发起成立"创意产业特别工作组"，旨在调整产业结构和解决就业问题。通过十余年的努力，文化创意产业已经成长为英国的第二大产业，并且不断推进经济增长、保障就业率。2016 年，英国共有 10.7 万家文化创意公司和 10.9 万家文化创意商业企业，分别占英国公司总数的 5.13% 和商业企业总数的 4.27%，企业数量最多的两个文化创意行业是音乐视觉艺术和表演艺术，两类公司总数占英国全部企业的 1.46%，商业企业占英国全部商业企业的 1.21%。

政策与立法的相辅相成、互相配合是英国文化创意产业知识产权保护的典型特征。在立法方面，1709 年，英国制定了《安娜女王法令》，这部法律可以说为英国及整个世界的知识产权制度建设奠定了基础。现在的英国，形成了以知识产权为核心的保护立法，无论是法律的制定，还是执行处罚，都已经十分完善，为创意经济发展提供了有力的法律保护。与此同时，英国更加注重政策对文化创意产业的保护，其文化创意产业政策是目前国际上产业结构最完善的文化创意产业政策。英国成立主管创意产业的DCMS（文化、传媒和体育部）组织，主要协调政府其他部门和社会各界力量介入文化创意产业，通力合作推进文化创意产业发展，实施跨部门的持续扶持政策。其中相关的知识产权保护主要有以下两个方面：一是DCMS于2002年发表首个国家文化创意产业的政策性文件——《创意产业专题报告》，将创意产业明确界定为是通过知识产权的开发和运用的行业；二是要求政府在知识产权保护方面做出积极努力，强调以知识产权为武器，保护国家一系列创意产业政策的有效实施。

（二）日本——战略规划领先

日本的文化创意产业在国际上都具有重要的位置。日本一直高度重视文化创意产业的发展，提出了"独创力关系国家兴亡"的口号。具有本国特色的动漫和电玩（AGG）是日本文化创意产业的支柱。而书籍出版，电影电视，音乐、广播等文化产业在日本所占的市场规模远远落后于动漫电玩。

政府指导是日本文化创意产业的发展特征，同样，对产业的知识产权保护也是由日本政府提出，并定位于国家战略的高度，自上而下进行推广。从2001年起，日本政府开始全力打造知识产权立国战略。2003年，日本内阁设立了知识产权战略本部，从2004年起，该机构每年都会制定推出日本政府的《知识产权推进计划》。2005—2008年，连续4年的《知识产权推进计划》都专门用一章的篇幅充分阐述发挥文化创意产业的作用、建设文化创意国家的政策措施。日本内阁在制定知识产权战略规划的同时，也确立了知识产权立国的具体措施。主要包括：根据文化创意产业国际化的要求，修改和制定与国际接轨的知识产权法律、法规，

加强宣传管理，打击侵权行动，在国内形成尊重知识产权，保护知识产权的良好环境；产学研相结合，颁布《文化产业促进法》《国立大学法人法》；创立知识产权高级法院；等等。战略规划目前成为日本文化创意产业知识产权保护的重要途径。

（三）域外经验的启示

通过对以上国家文化创意产业知识产权保护实践的研究，我们可以看到，发达国家对该产业的知识产权保护总体上更加全面具体，更优于我国目前的保护现状。借鉴他们的保护经验，立足实际、扬长避短，这是完善我国文化创意产业知识产权保护体系的有效途径。

总结发达国家的保护经验，笔者认为主要包括以下4点：第一，将文化创意产业的发展定位于国家战略的高度，并明确树立知识产权的保护方向；第二，制定完善的立法体系，并通过及时出台相关政策对国家法律进行补充，尽可能地让各种创意成果免受侵害；第三，针对文化创意产业的发展与保护，成立专门的政府机构统筹管理相关事务；第四，国家加大对文化创意产业及知识产权保护的投入，在创意资金、创意人才、产业扶持、宣传教育等方面都给予文化创意产业不同程度的帮助。

总之，"他山之石，可以攻玉"，虽然这些国家与我国的国情、体制都有所不同，但如果能够学习到他们的成功经验，并同我国文化创意产业发展与保护现状相结合，就可能会带来事半功倍的效果。

第四节

我国文化创意产业知识产权保护的对策与建议

采用知识产权保护路径是保障文化创意产业顺利发展的必然要求。目前我国的文化创意产业已经具备了一定的规模，也在发展过程中形成了包括法律、法规、地方规章、政策等多种形式在内的知识产权保护体系。但总体上看，我国在法律层面、政策层面、意识层面、社会保障层面、企业规划层面对文化创意产业的知识产权保护，都还存在这样或那样的问题。发达国家已经确立的比较完备的文化创意产业知识产权保护体系，给我们提供了一定的参考。对于高度创造性的文化创意产业来说，建立一个行之有效的知识产权保护系统至关重要。如果没有这样一个系统，那么创造力所能带来的利润将很快消失。因此，发展文化创意产业必须首先建立起合理的知识产权制度。

一、优化文化创意产业知识产权保护政策和法律制度

制度保障是产业发展的基石，文化创意产业自然不例外。全面、完备的知识产权法律、法规及相关政策，是文化创意产业发展的基本保证。

（一）制定和完善文化创意产业知识产权法律制度

目前，我国对文化创意产业进行调整与保护的 3 部知识产权专门性法律是：《中华人民共和国商标法》（1982 年颁布，1993 年、2001 年、

2013 年、2019 年 4 次修改)，《中华人民共和国专利法》(1984 年颁布，1992 年、2000 年、2008 年 3 次修改)，《中华人民共和国著作权法》(1990 年颁布，2001 年、2010 年 2 次修订)。同时配套有《中华人民共和国民法总则》《中华人民共和国合同法》《中华人民共和国反垄断法》等法律。但目前还没有一部针对文化创意产业知识产权保护的法律规范。

文化创意产业作为新兴产业，其概念内涵、保护体系、责任义务、准入标准等内容并没有法律做出的统一界定，这给实际操作带来了许多不便。所以，有学者指出，应该制定一部体系完备的文化创意产业知识产权基本法，对这些问题做出统一解释，明确文化创意产业的指导思想和基本原则。

（二）加强文化创意产业知识产权保护的政策制定

从目前的现有规模来看，我国的文化创意产业还处于产业发展的初级阶段。对这一阶段的发展，如果完全依赖市场机制势必不会顺利前行，而法律、法规的保护又存在过于滞后、宏观的问题。因此，及时制定全面、具体的产业政策是现阶段我国文化创意产业良好发展的必然条件。

对于我国文化创意产业的政策制定，主要有四个方面的建议。首先，政策制定应该具有战略性。把文化创意产业的保护政策提升到国家战略的高度，由中央政府专门成立负责机构，推行产业政策的落实和调整。其次，政策制定应该具有多样性。对文化创意产业的政策制定应该着眼于全局，采用多种调整手段，不必拘泥于一两种方法而反复使用。例如，利用对税收、外贸、金融、财政等方面的政策修改与制定，对文化创意产业进行必要的、有效的干预。再次，政策制定应该具有灵活性。政策制定是对法律保护的补充，文化创意产业的发展也会随着国际、国内经济发展的形式而不断变化，不是哪一项产业政策从制定实施就必须一成不变的。政策的制定是为产业的发展而服务的，若某项政策已经不适应产业发展，就应该及时取消、调整和变动。最后，要重视地方政策的制定与作用。我国地域广阔，民族众多，本土文化特色各异，这就要求各地方政府结合自身特点，以国家法律法规为基础，制定适合于当地文化创意产业发展的地方政策，以促进辖区内产业的健康发展。

总之，政策的作用不可忽视，知识产权保护政策的不断优化，必将带来通过外在政策动力推动企业成长力不断壮大的良好发展趋势。

（三）创新文化创意产业的知识产权保护方式

我国的文化创意产业保护领域一直采用"事后保护"的方式，但文化创意产业作为一个知识密集型产业，其创意是一个发展变化的过程，存在诸多阶段，会出现一些阶段性成果。如果只对创意成果进行保护而忽视创意的产生与发展，势必有损于创意者的经济收益与创新热情。所以在今后的文化创意产业知识产权保护中，要变事后保护为主动保护的方式，不仅加强对创意过程中的设计、创作思想等内容的知识产权保护，还应对产品的阶段性成果加以保护。

我国知识产权的保护一直缺乏创新跟进。针对新型创意产品法律保护缺失，立法相对滞后的问题，要加强对网络文化创意产品及剽窃、抄袭较难定义的广告、设计等行业的知识产权监管保护，避免我国法律对于文化创意产业知识产权的保护存在真空地带。

（四）完善文化创意产业知识产权行政管理体制

如前所述，我国的文化创意产业管理部门不论中央或地方都分散于各个不同的机构。多部门的管理现状无益于文化创意产业的发展，也影

响产业政策、法规的制定和推广。要完善行政管理机制，整合部门、明确分工、成立国家专门的文化创意产业行政管理机构迫在眉睫。

同样，近年来地方政府也看到了文化创意产业的巨大潜力，将发展的目光转向对当地文化创意产业的支持与服务。为了配合产业发展的需要，在知识产权行政管理方面，以行业区为试点，建立综合性知识产权协调管理的互动机制，已成为诸多地方突破现行知识产权行政管理体制进而提升本地知识产权保护力度的主要手段之一。

面对这样的现状，笔者认为，首先，应该将原属于工业和信息化部负责的网络数字类文化创意成果交由文化和旅游部统一管理。其次，可以在文化和旅游部设立文化创意产业司，专门负责我国有关文化创意产业的相关工作。该部门应独立于现有的文化产业司，将原属文化产业司管理的例如动漫、网络游戏产业规划等工作接管过来，全盘管理国家文化创意产业中政策制定、资金投入、整体规划、项目建设等各项工作。最后，县级以上的地方各级政府，可以成立文化创意产业管理办公室，专门负责扶持、协调、管理当地文化创意产业的发展。

总之，成立专门的文化创意产业行政管理机构，协调政府其他部门和社会各界力量扶持文化创意产业，通过财政补贴、人员配置、人才引进等多种行政措施，统筹规划、引导创新，一定会让我国文化创意产业发生翻天覆地的新变化。

二、文化创意企业知识产权防火墙的建立

让企业建立知识产权防火墙，就是要改变企业被动保护的知识产权战略，消除他们一直以为的只要申请了专利，获得的商标权就大功告成的思想。建立知识产权防火墙，要求既要及时主动地申报权利，也要积

极防御已获得的权利免受他人的侵害。

当然，文化创意企业同样离不开法律宣传。企业自身保护认识能否得到提高，已经成为文化创意产业知识产权保护问题的焦点。如果文化创意企业在现有经济体制下，仍然不知道如何在保护自己知识产权的同时充分尊重他人的知识产权，那么在科技迅速变化、市场竞争空前激烈的今天，创意企业势必因自身权益受到侵害或陷入知识产权纠纷而不能自拔，无暇顾及企业自身的创新与发展。因此，让文化创意企业提高保护意识，学习主动维权，加大知识产权保护力度，正是我国企业提高市场竞争力、创建品牌效益的有力途径。

文化创意企业要做好著作权、专利权、商标权的监控工作。著作权监控主要针对的是网络侵权。利用网络平台传播作品，为作者带来了意想不到的高速度和读者量，但也带来了著作权维权的巨大困难。文化创意企业对著作权监控应该通过多种渠道同步进行，包括对网络的监控、对网页上传的监控等内容。发现侵权行为后，要及时警告停止侵害，避免损失的扩大，然后可以通过谈判、行政处罚、司法诉讼等途径进行维权。与发明专利的授予相比较，国家在授予实用新型和外观设计专利时减少了实质审查这一环节，通过初步审查和公布申请，认为符合条件的便会授予实用新型专利或外观设计专利。这样虽然缩短了专利申请的时间，但是由于不采用实质审查的方式，实践中对已公开、已授权技术重复申请的恶性事件频频发生。相关文化创意企业如果能够做好专利公告的监控和检索，就会及时发现同行企业重复申请的活动，在其申请过程中就可采取阻止措施。商标监控主要防御的是混淆行为，也就是恶意申请人故意在与驰名商标相同、相关的商品或服务上注册相同或近似的商标。这就要求文化创意企业密切关注国家商标局对初审通过的商标的公告，一旦发现有类似情况，就马上

通过商标异议程序采取保护措施。

三、确立文化创意产业知识产权纠纷快速解决机制

一直以来，知识产权纠纷的司法解决机制被视为知识产权保护中的重要组成部分。文化创意企业和创意人员迫切需要司法部门对创意成果进行更加全面、具体、可行的知识产权保护。

由图 4-12 可知，司法部门被文化创意企业及创意人员视为其知识产权保护最为关键的部门，所占比例最高，达到了 41.94%。这一方面说明越来越多的文化创意企业和创意人员认识到了司法部门对文化创意成果知识产权保护的重要作用；另一方面也说明我国司法部门对文化创意成果的知识产权保护还存在许多问题，有待加强。

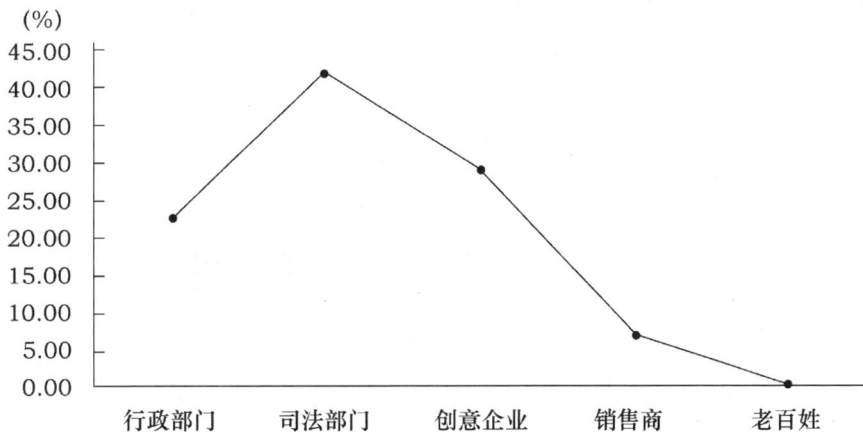

图 4-12 文化创意成果知识产权保护关键主体的选择

一般来说，一个新的文化创意产品投入市场，其流行时间是非常有限的。但是被复制、模仿、抄袭的速度往往非常迅速，如果仅仅选择用单一的司法诉讼程序解决知识产权纠纷，那必将是一场持久战，即使最终胜诉，这项文化创意产品宣传流行的浪潮也早已退去，通过法律途径获得的少许赔偿，也远远不能弥补错过黄金营销周期带来的损失。

目前，我国的知识产权纠纷解决机制还存在着明显不足。首先，文化创意产业作为新型产业，与先进的科学技术、信息网络密不可分。但知识产权纠纷的解决机制却长期一成不变，不能结合先进的科学技术寻求到适合的纠纷解决运作模式。其次，我国知识产权纠纷解决机制以诉讼为主导，但同时又存在着诉讼周期长、成本过高、大众难以接受的问题。

英国是最早提出文化创意产业概念的国家，在本国已经形成了完善的保护体系。英国在知识产权纠纷解决机制中，为满足创意企业的诉讼要求，设立专利地方民事法院，鼓励有关当事人运用民事纠纷解决方式，公平快捷地解决知识产权争议。专利局还专门设立一项新的调解服务系统，以帮助知识产权纠纷主体，并积极敦促相关利益各方运用调解手段解决纠纷。

借鉴国外经验，笔者认为：第一，我国要抛弃过于依赖诉讼解决纠纷的方式，更多注重诉讼外的司法纠纷解决机制，并使其受到法律的保护。结合文化创意产业自身的特点，形成与民事诉讼制度相连接的多元化纠纷解决机制。第二，应当有效发挥行政主体的引导服务职能，帮助纠纷主体用最短、最行之有效的方式达到解决纠纷的目的。第三，降低侵权行为追究刑事责任的标准，建立惩罚性赔偿制度，更加合理、公平地划分双方当事人的举证责任，完善权利人维护机制。第四，我国的司法机关在知识产权纠纷案件的审理过程中，应该尝试民事、刑事、行政审判的有效统一，对可能存在地方保护情况的案件，要探索实施异地审理机制，从总体上提高司法效率、判决质量，使文化创意产业纠纷得以公平、公正的解决。

四、构建文化创意产业知识产权服务平台

文化创意产业的发展以知识产权的保护、利用、开发为核心。但国家一定要经过较长的时间才能完成或实现对此问题的政策制定、制度完善、法律颁布。相比之下，知识产权服务平台的建立就更加切实与必要。建立知识产权服务平台，就是为了更好地实现文化创意产业的知识产权价值。知识产权服务平台应该由两部分组成，第一部分是"公共服务平台"，第二部分是"中介服务平台"。两部分相互运作、相互协调，帮助文化创意企业实现知识产权价值的最大化。

（一）文化创意产业公共服务平台

文化创意产业公共服务平台，就是服务于产业内所有企业，为文化创意产业发展提供共享的保障条件，解决产业发展中公共事务的开放、共享的服务网络、体系或设施。政府应该在构建服务平台的工作中起主导作用，针对文化创意产业设立专门机构，依法进行行政上的管理，提高信息服务水平，为不同的行业提供不同的信息服务。注重创意人才的培养和输送，充分调动专业人才的创意积极性。为创意企业引进专业人员，防止人才流失。对于中小型的文化创意企业，可以提供一定的优惠条件吸引其入驻。在发展过程中，也应给予一定政策上的支持。

（二）文化创意产业中介服务平台

有专业化的中介服务组织为企业提供公共服务，是文化创意产业发展的必然要求。目前，我国文化创意产业发展势头强劲，但依然位于初级阶段，需要借助社会各方力量的支持。如何将四面八方的力量组织起来，统筹规划地发挥作用，最有效的办法就是成立知识产权中介服务平台。这一平台主要具有信息收集、市场开发、维权服务3个方面的功能。

信息收集，就是要求中介服务组织大量收集文化创意产业的知识产权信息，按时间先后分类保存。具体包括对登记著作权的信息收集、对注册商标的信息收集、对获得专利的信息收集。有了这些信息，文化创意企业很快就能检索出作品、发明、商标的知识产权保护状态，避免重复创作和侵权。市场开发，是指在产品的传播、销售过程中，中介服务组织为文化创意企业提供的咨询、代理、推广等与知识产权有关的服务。维权服务，是中介服务组织利用平台功能，为遭受侵权的文化创意企业或文化创意个人的权利救济提供帮助。我国的文化创意产业多以中小型企业为主体，这些企业维权意识淡薄，遭受侵权后既没有足够的时间、人力寻求救济，也不知道该寻求哪种救济途径。中介服务平台正应该着眼于这样的现状，帮助受害人提供法律咨询，分析问题、介绍律师、求助行政执法部门，争取让受害企业、受害个人尽快获得赔偿，将损失降到最低。

五、创立文化创意产业知识产权保护民间联盟

虽然文化创意产业的知识产权保护需要公民、国家、企业、政府等多方共同支持，但归根结底，推行知识产权保护的主力军还是千千万万个文化创意企业。这些企业五花八门、规模各异，大到集团公司，小到一两个人的工作室。但这都不影响他们推行知识产权保护的主体地位。因此，凝结文化创意企业的行业力量，通过他们创建知识产权保护联盟，就是文化创意产业自我保护的主要途径。

对文化创意成果进行知识产权保护本身就具有困难，再加上文化创意企业以中小型居多，其保护意识淡薄，人力、财力、物力都很不充足，这直接导致了文化创意企业的维权能力偏低。若仅仅依靠政府的引导不

可能达到预期的保护效果。建立民间知识产权联盟，可以让我国的文化创意企业成立行业协会，进而相互合作、相互帮助。同时，行业的知识产权联盟，自然会带动企业间优势的整合，使整个行业的市场、技术、人员优势发挥最大化的作用。这不仅使行业地位得以上升，也提高了文化创意产业的维权和侵权控辩能力。

六、培养全社会的文化创意产业知识产权保护意识

众所周知，正确的意识会推动事物的不断进步，错误的意识只会阻碍或制约事物的发展。所以，只有在全社会树立尊重知识、尊重创新的知识产权保护意识，才能充分体现文化创意产业中智力劳动价值的分配导向，让创意人员在创新价值中得到合理回报，通过文化创意成果的应用，体现创新价值；通过文化创意成果的转化，创造社会财富。

首先，面对公众知识产权意识普遍淡薄的现状，我们必须深入群众，寻找原因。我国知识产权立法起步晚、宣传推广不够全面，从而给知识产权保护带来严重的观念障碍，这也是公众普遍意识淡薄、维权能力低的主要原因之一。面对这样的问题，政府及相关机构应该积极进行文化创意产业知识产权法律宣传，普及知识产权相关常识，向公众揭示"知假买假"的严重性，让广大人民群众切实体会到知识产权保护与自身利益并非遥不可及，而是息息相关。鼓励群众以知识产权法为武器，保护自己的创意和创意成果不受侵害。

其次，文化创意产业是一个新兴的产业，其本身的概念界定、产品范围、发展模式等内容就存在一定的争议。同时，我国与地方政府对该产业重视和推广的时间还不够长，发展也相对不够深入。这也就直接导致了文化创意产业群众基础薄弱的问题，除了相关产业人员和行政人员

外，公众普遍对其没有深入的了解，对该产业知识产权的保护就更无从谈起了。所以，只有加大文化创意产业的宣传力度，让文化创意产业知识产权保护的重要性、主要模式等内容被更多的公众所了解，才有可能在全社会形成利用知识产权、尊重创意成果的文化氛围。

最后，知识产权保护意识的培养离不开国家、行政机关的引导与帮助。行政机关应该担负起监督、宣传、指导的职能，让公众和创意企业对文化创意产业的发展都能树立积极的知识产权保护意识。在这种保护意识的普及与指导下，必然会形成知识产权保护的文化氛围。这对文化创意产业的不断创新、不断发展，将会起到巨大的推动作用。

第五章
文化创意产业的财政支持

第一节

文化创意产业的财政支持概述

一、财政政策的基本概念

（一）财政政策的定义

财政政策是指以国家或政府为实施主体的一种经济行为或经济现象。在西方理论学界认识到纯粹依靠市场调节的资本主义不可能完全实现社会供求均衡，在发生"市场失灵"后，政府干预理论开始登上历史的舞台。英国经济学家凯恩斯在《就业、利息和货币通论》中提出了需要用政府这只"看得见的手"去弥补市场"看不见的手"在作用过程中的不足。其认为，可以由政府作为实施主体对经济进行干预和调节。

财政政策主要由 3 部分组成：一是财政政策的目标，是指通过研究制定并落实财政措施，所希望实现的根本目的，主要包括收入分配合理化、经济结构优化、总供给与总需求均衡、社会经济发展四方面；二是财政政策的工具，这在后面会有详细介绍；三是财政政策的效益，就是国家或政府运用财政政策的工具后，对社会经济各方面所产生的影响，或社会经济各方面对财政政策的工具所做出的反应。

（二）财政政策的工具

财政政策的工具是指国家或政府为实现财政政策的目标而采用的一

系列方法或方式。一般财政政策的工具有税收、公债、公共支出、政府投资、财政补贴、预算、折旧 7 种。

税收是财政政策工具的核心内容之一，同时，税收也是政府财政收入的主要来源之一，主要通过税率调整和税制结构改革两种方式来对经济产生影响。其作用的形式主要是税种、税率和减免税。它的特点有以下 3 种：一是，作用范围广泛。税收的作用对象主要是企业和个人的经济收入、产品流转额、财产总量及其他特定的经济行为。二是在调节方向上具有双向性的特点。国家和政府可以通过征税比例和征税结构的调整，对社会总需求和总供给的增加进行刺激或抑制，从而调节总需求和总供给的结构。三是具有强制性和无偿性的特点。税收是政府以法律形式规定并强制执行的，具有强制性的特点，同时，通过征税，企业和个人的一部分收入转归国家所有，国家不向纳税人支付任何报酬或代价，税收具有无偿性的特点。

公债是政府进行宏观调控的重要手段之一，其作用形式主要是公债的种类、发行和偿付的数额及公债利率的高低。它同属于财政政策的工具和货币政策的工具，同时，具有有偿性和自愿性的特点。

公共支出是由政府直接参与控制的财政政策的工具之一，其作用的形式主要是政府拨款的数额及结构，可以产生较大的社会效应。

政府投资是政府直接参与经济部门的投资，其作用形式是投资的总量及结构，包括有偿贷款和无偿拨款两种投资方式。

财政补贴是政府为实现特定的政策目标而设置的无偿性财政支出，其作用的形式主要是补贴的数额和比例、补贴的行业或项目范围，以及补贴支持的期限。这是一般财政扶持文化创意产业所普遍采用的政策工具。

预算是指国家和政府在每一年度内制定的一种前期计划性的资金使用规划，其作用的形式主要包括预算规模、预算收支结构、预算收支差额及在执行年度预算过程中的追加和追减。

折旧是政府直接制定的社会总的折旧水平及部门和行业的折旧率。

国家或政府为实现一定的财政政策目标，一般会将多种财政政策的工具混合使用。

二、财政对文化创意产业发展的作用机制

在过去的几十年里，一些文化创意产业发展迅速的国家，均制定了有利于文化创意产业创新创造的政策，使政府在推动文化创意产业发展中起到非常重要的乘数效果。

（一）财政对文化创意产业具有导向作用

文化创意产业财政政策的内容制定和措施落实，在一定程度上能够引导产业的创新方向和产业集聚的形成。近两年，文化创意产业蓬勃发展，多元要素融合创新，同时出现了类似发展雷同、特色不鲜明、重复建设等问题，这就需要政府财政的正确引导。

要通过冷静的理性分析和科学的市场决策，理性判断未来文化创意产业的发展趋势，坚持习近平新时代中国特色社会主义思想，进行统筹规划，坚持一张蓝图、一本规划。从整体上讲，财政对文化创意产业的导向作用包括两方面：一是对市场主体的引导作用，财政通过政策改善商业环境，构建保护各方利益的知识产权保护体系，加大人才引进和基础设施投入力度，设立文化创意产业专项扶持基金，通过行政手段或凭借市场调节进行社会资源重新配置，让资源流向或集聚于文化创意某个细分领域，这些不同层面的政策倾向，都是财政对文化创意产业的导向

作用。二是对政府管理方式的导向作用，也就是文化体制创新，面对新时代、针对新问题，要进行管理创新，探索用简明、有效的政策手段实现目标的方式、方法。部分地方省市还存在着重农业、抓工业、轻文创的固有思想认识，需要通过财政政策倾向引导，激发省市管理部门对市场变化的敏锐性和活跃性，解放思想，挖掘优势资源，创新文化与农业、工业融合发展契合点，创造新的经济增长点。

（二）财政注重文化创意产业的配套建设

当前，我国文化创意产业的各级政府管理部门纷纷在产业的发展规划、意见指导、扶持政策制定、服务平台搭建等方面，营造了较为良好的市场运营环境。但面对不断变化的文化创意产业发展需求，财政还需要立足各地区实际情况及企业需求，用好用足现有的各级政府部门在财税、人才、投资奖励、办公补助、基金发展、企业扶持等方面的扶持政策。另外，还要逐步根据市场更新变化，引导配套政策的落实。

1.支持金融机构对文化创意产业投融资

受文化创意产业本身特点的影响，其在进行融资担保等业务时存在一定的困难。财政应积极发挥引导作用，投入适当的引导资金调动社会资本，建立并完善文化创意企业投融资担保体系，通过委托金融机构开发文化企业信贷产品、建立标准统一的文化创意产业资产评估公司等，规范文化创意企业交易行为，缓解融资压力，营造公平平等的产业投融资金融环境。

2.补贴知识产权保护与维权机构

知识产权保护是文化创意产业的核心和基础因素。要将知识产权保护战略置于首位，树立知识产权保护意识。知识产权对提高国家核心竞争力有着重要作用，西方发达国家均从法律层面确立了知识产权的见识地位，并且从多方面、多角度来确保政策的落实。我国从法律保护层面也越来越重视对知识产权的保护，但在具体落实上还存在不足，特别是在初创企业新技术研发申请专利的提醒与培训、影视制作公司的版权保护等方面。为营造良好的创意、创新产业环境，需要财政在知识产权保护方面适当投入，比如知识产权普法教育活动与宣传、对提供专利与版权等知识产权登记服务、维权等保护措施的机构予以财政支持或补贴，鼓励此类机构提供更优质、更专业的知识产权服务。

3. 奖励优秀与高端创意人才

人才是文化创意产业的关键，要继续完善带动本地文化创意产业发展具有影响力、号召力的人才的引进和培养政策。文化创意产业需要引进和培养的人才不仅包括有新思想、新点子、新创意的优秀人才，还要包括对高素质、高复合型人才的引进与培养，因为只有懂经营、懂业务、懂金融等高素质、高复合型的人才，才是带领文化创意企业实现转型升级、做大做强的关键。财政在人才引进与培养的支出与文化创意产业发展水平具有一定正相关关系。

我国财政支持文化创意产业发展的现状分析

财政支持产业发展主要是指政府为实现特定的文化创意产业政策和财政政策目标，在不以营利为直接目的的前提下，采用直接或间接方式，支持文化创意企业或事业单位发展生产和事业的一种资金活动。

我国财政支持文化创意产业发展的主要方式有税收、公债、公共支出、政府投资、财政补贴、预算等。根据财政资金管理及运用方式的不同，文化创意产业专项扶持资金的设立分为以下 3 种形式。

第一种，政府全额出资设立文化创意产业专项扶持资金或产业发展专项基金。

第二种，与社会资本一起成立文化创意产业投资基金，政府财政资金在其中主要起到引导作用。

第三种，政府部分出资参与设立文化创意产业投融资及担保公司。

一、中央财政支持文化创意产业的主要政策

从中央角度来分析，自"十五"计划首次提出文化产业的概念以来，随着文化事业领域不断进行社会化、市场化和产业化发展的大背景下，中央层面持续出台相关政策推进文化体制改革，1991 年，文化部发布《关于文化事业若干经济政策意见的报告》中正式提出了"文化经济"概念，

自此文化事业领域的发展受到人们重视。

此后，在政府工作报告、十七大报告中都明确指出了文化产业的重要性，提出了"积极发展文化事业和文化产业""文化生产力"和"文化软实力"等概念口号。

2014年8月，国务院办公厅发布《关于推动特色文化产业发展的指导意见》提出，到2020年，基本建立特色鲜明、重点突出、布局合理、链条完整、效益显著的特色文化产业发展格局，形成若干在全国有重要影响力的特色文化产业带，建设一批典型带动作用明显的特色文化产业示范区和示范乡镇，培育一大批充满活力的各类特色文化市场主体，形成一批具有核心竞争力的特色文化企业、产品和品牌。在此背景下，文化部和国务院政策协同推进加快：一方面，不断深化文化体制的改革，形成具有中国特色的多元化、多门类、多层次的产业国际化格局；另一方面，完善金融支持文化产业发展的相关机制，推动文化资源与金融资本有效对接。

2019年12月，司法部公布了《中华人民共和国文化产业促进法（草案送审稿）》（以下简称《草案送审稿》），并公开征求意见。《草案送审稿》共设9章、75条，包括总则、创作生产、文化企业、文化市场、人才保障、科技支撑、金融财税扶持、法律责任、附则。在篇章结构设计上，草案起草工作小组紧紧抓住促进文化产业发展的关键环节和核心要素，聚焦"促进什么""怎么促进"两个核心问题，确定在创作生产、文化企业、文化市场等3个关键环节发力，在人才、科技、金融财税等方面予以扶持保障。《草案送审稿》指出我国要建立健全多层次、多元化、多渠道的文化产业金融服务体系，完善金融支持文化产业发展的相关机制，推动文化资源与金融资本有效对接，并明确了国家根据不同阶段和时期文化产

业的发展情况，结合财力状况和经济社会发展需要，综合考虑、统筹安排财政资金对文化产业的支持，对财政资金全面实施预算绩效管理，并加强对使用情况的审计监督。有条件的县级以上地方人民政府可以根据实际需要在本级政府预算中统筹安排财政资金支持文化产业发展。

2019 年发布的《财政部、国家税务总局关于继续实施支持文化企业发展增值税政策的通知（财税〔2019〕17 号）》指出，经营性文化事业单位转制为企业，可以享受以下税收优惠政策。

（1）经营性文化事业单位转制为企业，自转制注册之日起五年内免征企业所得税。2018 年 12 月 31 日之前已完成转制的企业，自 2019 年 1 月 1 日起可继续免征五年企业所得税。

（2）由财政部门拨付事业经费的文化单位转制为企业，自转制注册之日起五年内对其自用房产免征房产税。2018 年 12 月 31 日之前已完成转制的企业，自 2019 年 1 月 1 日起对其自用房产可继续免征五年房产税。

（3）党报、党刊将其发行、印刷业务及相应的经营性资产剥离组建的文化企业，自注册之日起所取得的党报、党刊发行收入和印刷收入免征增值税。

（4）对经营性文化事业单位转制中资产评估增值、资产转让或划转涉及的企业所得税、增值税、城市维护建设税、契税、印花税等，符合现行规定的享受相应税收优惠政策。

二、各地财政支持文化创意产业的实践

北京、上海、杭州等城市纷纷探索出台适合地方产业特点的财政政策。

从北京市政府角度来看，自 2005 年提出要大力发展文化创意产业的

战略决策以来，先后从市局及行业主管部门方面出台了若干项文化创意产业扶持政策，比如《北京市文化创意产业发展专项资金管理办法（试行）》《北京市文化创意产业贷款贴息管理办法（试行）》《北京市文化创意产业担保资金管理办法（试行）》《关于金融支持首都文化创意产业发展的指导意见》等。这些政策力图从财政补贴、贴租、贴息、担保、融资等多方面，发挥财政资金使用效率、撬动社会资本跟进，打造文化创意企业的多元融资方式。

自 2006 年起，北京市政府每年从市财政安排 5 亿元文化创意产业发展专项资金和 5 亿元文化创意产业集聚区基础设施专项资金，通过项目补贴、项目奖励、企业奖励、贷款贴息、贴租、贴保、孵化器奖励，以及上市、挂牌和并购奖励等方式，对文化创意产业项目和文化创意企业予以扶持。据北京市文资办提供的资料显示，2012—2016 年，北京市文化创意产业专项资金公开征集了近 6000 个项目，投入财政资金 20 多亿元，支持了 1000 余家优秀文创企业。2017 年 11 月，市文资办首次出台了《关于公开征集北京市文化创意产业"投贷奖"支持资金储备项目的公告》，拿出 4 亿元支持北京文化创意企业及为北京文化创意企业提供融资服务的投融资服务机构，这是北京市首次最大力度地支持北京文创投融资服务机构的政策，以此来奖励并激励服务文创企业的银行、融资租赁公司、融资担保公司及其他股权投资机构。

据《关于北京市 2017 年预算执行情况和 2018 年预算草案的报告》显示，2017 年北京市投入文化体育事业的资金共计 83.9 亿元，主要用于落实文化惠民工程，支持"投贷奖"联动，搭建文化金融服务平台等方面。在推动科技创新、构建"高精尖"经济结构方面，投入资金共计 437.4 亿元，主要围绕设立北京科创基金，吸引社会资本参与建设科创

中心，优化营商环境，促进构建"高精尖"经济结合和人才培养的奖励政策等方面。

从北京市各区县的财政资金投入来看，目前，朝阳、东城、西城、海淀等9个区均已设立了市级专项资金的配套资金，以此来促进本区县文化创意企业的持续稳步发展。其中，东城区从2016年开始，将文化创意产业发展专项资金提高到1个亿，这是目前在北京市区级中最多的。在扶持方式上，由原来的单一补贴，变为基金引导、项目补助、政府购买服务3种方式。顺义区自2016年起，将文化创意产业发展专项资金从2000万元增至5000万元。通州区也于2017年起每年投入不少于5000万元的专项资金，用于支持重点和优秀的文创企业、举办具有影响力的文化活动及奖励各类文创人才。

上海市委、市政府在2017年12月出台《关于加快本市文化创意产业创新发展的若干意见》，内容围绕推动"影视、演艺、动漫、创意设计、出版、艺术品交易"等文化创意产业重点领域加快发展、引导资源要素集聚提出了50条举措，故被业内称为"上海文创50条"，此项政策的发布，对优化上海市文化创意产业结构布局、实现重点领域跨越式发展意义深远。

杭州市委、市政府每年安排了不低于1000万元的文化创意产业专项资金，并大力拓展文化创意企业的融资渠道，由政府部门定期与相关金融机构组织召开会议，共同就搭建文化创意产业融资平台事宜进行商议，及时解决文化创意企业与金融机构进行融资业务中遇到的问题，鼓励金融机构加大对文化创意产业园区及园区内文创企业的支持力度，同时加强知识产权保护和融资担保服务，为杭州市文化创意企业开展融资业务提供高效便捷的配套服务。同时，为大力发展杭州市内企业规范化经营、拓宽融资渠道，杭州市委、市政府积极鼓励区域企业上市融资，并出台上市扶持政策，在税收返还、土地使用、人才引进、住房与医疗保障等方面大力支持企业上市，力求引导和培育一批实力较强、成长性较好的文化创意企业在主板、新三板上市。

此外，深圳通过搭建文化产业博览、交易和投资服务一体化的三大平台，重庆规划建设融资担保、公益基金、产权交易、票据流贷、投资基金、财务公司"六位一体"的文化企业金融服务平台体系，等等，在引导和帮助文化创意产业振兴和发展上积极实践。

第三节

财政支持文化创意产业发展存在的问题

我国文化创意产业在财政支持方面存在着一些问题，比较明显的主要有政府财政投入仍显不足、财政支出缺乏有效绩效考评、政策环境不完善、政策扶持项目与配套措施脱节、财政政策缺乏对产业发展方向的引导等方面的问题。

一、政府财政投入仍显不足

文化创意产业属于新兴产业，在市场环境及产业定位还不清晰的情况下，需要政府在产业发展的多方面予以支持。在文化创意企业发展初期自有资金不足和融资困难的情况下，财政对文化创意企业的资金支持则显得尤为重要和关键，财政在扶持方向和扶持力度上的调整，甚至能够引导产业的发展方向。各级政府在制定文化创意产业扶持政策时，一般采用两种扶持方式，一种是通过财政资金进行直接投入，主要表现在每年安排一定额度的文化创意产业发展专项扶持资金，通过公开征集项目的方式对文化创意企业进行奖励、补贴；另一种是税收优惠形式的间接投入，主要表现在地方政府通过企业上缴的税收予以一定比例的返还。

但就目前现状来说，第一种财政的直接投入对营利性的文化创意产业项目极为不利，地方政府财政直接投入的文化项目一般以公共文化事业为主，比如文化惠民活动、公益性文化交流活动、剧院及博物馆等文化基础设施升级改造等。前面已经提到，文化创意产业产品一般属于准公共产品，需要一定的财政支持，但文化创意产业专项扶持资金具有一定的扶持方向和申请标准，大多数的中小文化创意企业只能申请贷款贴息方式的 20%～40% 的贷款利息补贴，但这部分贷款利息补贴相对企业项目总投资来说微乎其微。第二种税收优惠也是地方政府不太愿意落实的政策，在营改增政策落实后，地方财政的税收收入减少，加之各级政府顺应新时代需要开支的业务增多、花费加大，为维持业务开展需要，地方政府也在逐渐降低税收返还比例。

二、财政支出缺乏有效绩效考评

我国财政在投入专项资金支持文化创意产业发展过程中，对其重点支持的文化创意企业或文化创意产业项目并没有进行全面深入的了解和分析，重复建设和资源浪费现象比较普遍。文化创意产业发展受到了"缺乏科学合理的资源配置机制、条块分割严重、存在行业壁垒"等因素的制约。就地方政府来说，为发展本地文化创意产业，财政政策的资金投放往往局限在本地产业功能区或文化企业，在地方文化发展经济带动作用不大、企业自我造血机制不完善的情况下，地方财政的随意投放缺乏有效的监管和机制保证，导致扶持的项目没有实现预期盈利，有的不但不能产生利润，甚至还需要额外付出大笔的维护费用。

此外，目前我国各级政府还没有形成比较健全的财政资金监督管理机制及考核机制，没有配套的绩效考核机制来考核文化创意产业财政专项资金的使用状况，这在每年财政部门发布的财政预算执行情况中均有所体现。

在利用文化创意产业发展专项资金上，投入的财政资金往往聚焦于项目的前期投资和企业孵化上，没有一套完整、高效的资金使用情况监管及项目考核机制，导致财政资金的使用效率不是很高。尤其是对部分经济发展水平不是很高的省区市来说，在没有充足财政收入的前提下，就需要重点考虑如何合理利用文化创意产业专项资金，不仅使其发挥最大效能，还能撬动更多社会资本，同时还需要形成相应的财政资金监管机制和考核机制，让财政资金发挥应有的乘数作用。

三、政策环境不完善

（一）财政税收政策不完善

我国文化创意产业的财政税收政策覆盖文创行业还不全面、支持力度也还不够，对一些文化创意产业细分行业的投资者吸引力还不够，在引导和撬动社会资金投入文化创意产业方面缺乏后劲。特别是地方财政税收返还政策，在文化创意产业营业税改征增值税后，地方政府税收收入减少，返还比例降低，企业通过税收返还政策获得的资金支持微乎其微，税收返还政策对企业的吸引力逐渐下降。

（二）准入政策不完善

由于意识形态等方面的原因，希望国企、央企等具有一定规模和知名度的企业参与一些地方政府的文化创意产业项目，在进行项目招投标或其他环节，对民营企业或外资企业设置一些限制，导致无法实现公平竞争，或者对民营企业开放一些无利可图甚至需要长期补贴的领域，降低了非国有资本的市场活力和竞争力。

四、政策扶持项目与配套措施脱节

文化创意企业的规模一般较小，仅有创意、技术，并不能将其潜能完全发挥出来。需要政府提供好的政策、扶持项目和配套的服务措施。

然而，目前的政策扶持项目与集群发展现状是脱节的。政府的职能转变尚未完全落实，文化政策和法规体系不完善，产业发展缺乏依据和保障。在政府的未来规划中，有计划地设立相关的公共服务平台，也为文化创意产业提供了扶持项目和基金。但是，就目前来说，这些项目和配套措施所能提供的保障完全不能满足产业集群。首先，扶持的项目并不是所有类型的企业都能申请，即使申请到了，资金也是不能满足企业发展的。政府不能用"撒胡椒面"的方式来播发资金和分配项目，不仅要增加投入，还要有针对性地扶持特定的企业。更重要的是增加对企业本身的扶持，而不仅是对某个项目的扶持，这样才有助于企业的成长与可持续发展。其次，每次项目的申请都无法避免"投机分子"，他们可能会弄虚作假，骗过项目的审核部门拿到扶持资金，这样导致符合条件、真正需要资金扶持的企业拿不到资金。

五、财政政策缺乏对产业发展方向的引导

文化创意产业强调创意与人才，具有进入门槛相对较低、高收益与高风险并存、周期长、不可预见性等特点，使得目前我国文化创意企业一般为中小规模，多而不强，企业内部资金不足以推进企业进一步做大做强，"轻资产"的特点又不能满足一般金融机构对普通企业融资担保条件的要求。当前阶段我国中小文化创意企业过分依赖政府财政支持或政府出面担保，也就是说，我国文化创意产业企业发展资金来源渠道缺乏多样性，很容易发生资金不足、融资困难等现象，从而影响文化创意企

业的持续良性发展。

　　当然，在文化创意产业资金渠道不足方面不能只追究政府财政政策和资金支持，企业自身、产业发展环境等方面也存在一些缺陷并使得其发展受到限制，但政府缺乏科学合理的引导及支持是影响其发展的核心因素之一。比如，文化创意企业的市场价值更多地体现在著作权、版权、科学技术等无形资产上，难以预测和评估，很难得到金融机构的青睐和强有力的担保。政府已认识到这方面的不足，在推动金融机构完善信贷服务、搭建文化创意企业与投融资机构的平台上积极作为；政府财政的支持力度侧重于为初创文创企业提供必要的服务和资金扶持，而在持续扶持企业将创意转化为内容产品，形成实质性的消费上还稍显不足。

第四节

财政支持文化创意产业发展的对策建议

更好地发挥财政优势，为文化创意产业提供更有效率的扶持是一项系统性工程，需要各方面的相互配合，单纯依靠财政政策的完善，或者单纯依靠企业的自身努力，都不能有效提高财政对文化创意产业的支持效率。只有政府部门、金融服务机构通力配合、共同采取措施，才能从主观、客观两方面逐步改变财政对文化创意产业扶持的现状，才能推动文化创意产业驶入健康发展的快车道。

一、建立完善的财政政策扶持体系

从财政理论上来说，市场存在失灵现象，需要政府有效介入，调整市场资源以达到最佳配置。政府的政策性支持能产生巨大的乘数效应，引导和撬动社会资本投入文化创意产业。虽然各级政府部门对文化创意产业的扶持政策在不断完善，但随着文化创意产业的不断融合发展，文化创意产业的财政政策扶持体系还需要继续建立和完善。

（一）加强财政支持力度

首先，制定扶持产业发展的专项财政政策，通过多方位、多角度、多形式的政策扶持，支持和鼓励文化创意企业积极进行升级转型、延伸产业链，研发新产品、新项目等。如北京市设立的 5 亿元文化创意产业

专项资金，通过一系列科学的资金管理、项目评审办法，对优秀的文化创意项目进行直接补贴，对银行贷款进行贴息，对有突出成绩的项目进行鼓励。其他经济条件较好的省市也可参考此种做法，鼓励企业创新，激发文化市场活力。

其次，政府应安排专门的预算资金，按照一定比例注入文创发展基金、担保基金中，作为引导资金，带动社会资本跟进，并积极引入社会上专业的、规范的基金管理机构运营和管理基金，以实现尽可能少的财政投入生产出尽可能多的高品级文化创意产品和项目。

最后，各地区政府部门要逐步规范和完善政府采购制度，打破经济利益壁垒，通过政府采购形式对地方重点文化创意企业或产品进行有重点的支持。

（二）实行税收优惠政策

税收政策的制定和落实比较早，发展至今，虽然与其他文化创意产业扶持政策相比力度较小，但对中小文化创意企业的吸引力还是比较大，能在一定程度上缓解企业的资金问题。

1. 降低文化创意产业税率

政府应制定切实可行的税收政策为文化创意企业减负，比如，对于重点支持的细分行业可适当降低税率，减轻企业税收压力；对于重点扶持的文化走出去项目，可适当提高出口退税率，鼓励和支持企业积极推广国内文化；对于文化与高新技术融合发展的企业，加大研发费用加计扣除的优惠力度，鼓励企业加大研发投入，提高自主创新能力。

2. 实行税收返还政策

将文化创意企业实现的税收直接或间接地返还给上缴企业，或者针对达到一定标准或条件的大规模文化创意企业，对其上缴的税收每年按照一定比例予以返还，以扶持和鼓励企业发展。

3. 鼓励企业和个人赞助或捐赠

对支持文化活动或文化项目的赞助者或赞助商，可以按照比例减少其纳税基数，在税收政策上对其支持文化创意产业发展给予回报，通过冠名、宣传等方式弘扬赞助和捐赠行为，培养社会"乐善好施"的意识形态，形成良好的社会文化新风气。

（三）整合文创政策，构建政策引导体系

1. 主责部门牵头，制定新政策

为适应文化创意产业瞬息万变的发展态势，政府部门应组建由经信委、财政局、金融办、发改委等部门牵头的组织机构，全面梳理现存文化创意产业扶持政策，根据文化创意产业发展形势，从市场准入、资金扶持、自主创新、知识产权保护、出口推广等方面逐一建立相关扶持措施。针对不同发展阶段和不同行业的文化创意企业，要有不同扶持力度的举措，使财政资金投放更加有方向、有重点。继续整合以往零散的、分散的、单一的扶持政策，实现政策结构化、集约化、规范化。

2. 进一步加强对政策的宣传解读

文化创意产业扶持政策出台后，要及时通过宣传渠道对政策进行宣传、解释工作，特别是针对符合申报条件的中小文化创意企业，加强政策的监督落实，提高政策资金投放的准确度和科学性。

（四）优化财政管理，提高资金使用效率

财政扶持资金能否得到有效监管，直接决定了财政扶持政策力度是否与文化创意产业发展形成正比。我国文化创意产业扶持政策就存在被

审计部门责令废止的案例，理由就是财政扶持资金在下拨到企业后，没有得到预期的使用效果，并且存在重复申报、违规使用扶持资金等现象。

1. 要优化财政资金投入结构

财政资金应重点向发达地区的技术研发倾斜，向经济欠发达地区的特色文化创意产业和文化遗产倾斜，加强各自地区重点支持领域的经费保障。北京市每年出台的《文化创意产业发展指导目录》可以很好地指导政府财政政策的投入方向，也能够明确地指导文化创意企业的发展战略，值得其他地区借鉴。

2. 完善申报材料审批机制

政府部门应委托具有相关资质的第三方进行申报材料的审批与考核，第三方机构要结合政策的要求，制定明确的申报材料明细、申报流程、审批流程、评估标准、评估方法等细则，进行公开透明的审核评估。对于持续执行的扶持政策，第三方机构要对申报政策的企业进行回访，了解需要改进的地方，逐步调整和规范审批评估工作，确保财政扶持资金可以有效地扶持有需要的文化创意企业。

3. 加强财政资金使用情况的监管力度

在文化创意企业获得财政扶持资金后，应建立跟踪监控机制，密切配合审计、财政、金融机构等部门，对企业使用扶持资金的用途、使用情况进行监督检查。特别是金额较大的专项扶持资金，要求企业建立单独的银行账号，独立进行资金使用与管理，便于政府与监管部门进行监督检查。

二、发挥财政的杠杆作用，吸引社会资本广泛参与

鉴于文化创意产业具有不同于其他产业的显著特征，应发挥财政的

政策引导作用，搭建文化创意企业亟须的企业服务平台，让企业与第三方在规范的平台环境内进行沟通、合作与服务。

（一）搭建银企沟通合作平台

中小文化创意企业很难从银行尤其是大银行得到贷款，主要原因是在成本、风险方面的。而如果由政府机构出面，将中小文化创意企业与银行建立紧密联系，就可以在一定程度上简化工作程序，降低信贷成本。

在搭建银企沟通合作平台方面，政府可以借鉴英国的政府、金融机构、企业三方合作机制。首先，政府应充分发挥财政资金调动和市场引导作用，积极制定对文化创意企业和对支持文化创意企业发展的金融机构的"投贷奖"政策，并监督落实。其次，金融机构可以在对企业业务和能力熟悉的基础上，简化贷款审批流程及标准，提高信贷额度。最后，企业要利用多渠道的推介平台，积极推介企业项目和产品。这种长期稳定的交流与沟通，可以逐渐培育出合作互信的战略关系。

（二）建立文化创意企业信用信息库

鉴于目前社会诚信意识淡薄、整体信用状况堪忧的情况，政府应加强培育企业的信用意识，倡导和宣扬诚实守信。

建议由政府主管部门牵头，建立文化创意企业信用信息库，收集整理文化创意企业分散在银行、司法、税务、工商、公安等部门的信用信息数据，梳理区域内企业的征信档次，并将不整改、不服从管理的企业拉入黑名单。这些征信档次和黑名单数据要通过企业信用信息库实现实时共享，既方便政府部门对企业的监督管理，又简化企业在金融机构进行信用贷款的程序。

（三）完善中介机构服务

文化创意产业中介服务机构可以用专业的知识、规范的管理、广泛的人脉资源、丰富的产业资源，为文化创意企业提供配套服务。财政应积极发挥引导作用，鼓励和支持建立规范的、专业的文化创意产业中介服务机构。

第一，建立专业的无形资产价值评估中介机构。中介机构通过高素质人才、科学的评估标准、严格的评估程序等规范化的管理，使以知识产权等无形资产为标的所进行的政策申报与融资活动有价可依。

第二，建立知识产权交易机构。构建信息充分、交易活跃、秩序良好的知识产权交易市场，促进知识产权在公开、公正、规范的环境中流转，充分发挥市场的基础性作用。

第三，建立知识产权监管机构。一方面代表金融机构对文化创意企业进行监督和管理，保证知识产权最终价值的形成；另一方面对已经形成的知识产权交易进行监督，通过设投诉、举报机构，打击不公平交易和不正当竞争行为。

（四）发展地方性金融机构

地方性金融机构是指由各地方政府、经济组织或个人出资组建的地方性商业银行、信用社等形式的金融组织的总称。地方性金融机构一般规模较小、资金较少，但组织结构简单，经营方式灵活，投融资效率较高，这与文化创意中企业规模小，对资金需求"急、少、频"的特点具有天然的适应性。因此应着力发展地方性金融机构。

第一，取缔各种对地方性金融机构发展的歧视性政策。地方性金融机构只要是符合法律法规规定并为经济发展所需要的，就应该与其他金融机构平等对待。

第二，鼓励地方性金融机构在发展规划、经营布局方面侧重支持文化创意产业等战略性新兴产业，开展有针对性的专业性服务，避免与大型金融机构发生同质化竞争。

第三，加大对地方性金融机构的扶持力度。地方性金融机构对缓解中小文化创意企业的资金短缺问题起着重要作用，而且有利于把民间资本和社会资本引入正常的融、贷款体系。因此，政府财政可按照金融机构年度内扶持文化创意企业的数量与金额等数据，对其进行财政、税收方面的扶持，助推其做大做强。

第六章

文化创意产业的人才培养

第一节

文化创意产业人才的内涵

文化创意产业人才，顾名思义是指具有一定的创意思想，并从事文化产业的一类人。因此，文化创意产业人才包括创意人才和文化产业人才两个方面。

一、创意人才

（一）创意人才的概念

创意人才，也称创意阶层（creative class），最早由美国著名城市经济学家理查德·佛罗里达（2002）提出。他认为创意阶层包括"超级创意核心"和"创新专家"两部分，凡是以知识、信息或文化为工作基础的劳动群体，都可纳入创意阶层的范畴。2002 年，佛罗里达在《创意阶层的崛起》一书中从职业角度提出"创意阶层"的概念。佛罗里达将创意人才界定为"具有才能的创意人"，即从事"创造新观念、新技术和创造性内容"的人员；创意阶层是"超级创意核心"和"专业创意人员"的集合。前者包括科学家、工程师、教授、艺术家、作家等具有创造力特质的人员；后者则包括高科技、金融、法律及其他知识密集型行业的专门职业人员。《简明大不列颠百科全书》对文化创意人才所下的定义为："与常人

相比，他们有时显得很幼稚，有时则很文雅；有时有破坏性，有时则很有建设性；有时更疯狂，有时更理智。"

我国学者对创意人才进行了较多研究。厉无畏（2006）在《创意产业导论》一书中对创意人才的定义是：掌握有较高水平的知识、具有很强的创新能力，能运用创作技能和手段把特有表达内容和信息转换、复制、浓缩到文化创意产品或服务中，并能推动该产品或服务的生产、流通和经营的人才集合体。楼晓玲、吴清津（2007）从全员角度来界定概念，认为只要跟创意产业链相关的从业人员都属于创意人才。蒋三庚、王晓红等（2009）结合佛罗里达的职业论和楼晓玲等的全员论，根据产业链的不同环节把创意人才分为创意生产者（艺术工作：画家、作家、设计人员等）、策划者（广告策划人、项目策划人等）和成果经营者（项目经理、经纪人、中介人等）3类。龙安梅（2010）认为，创意人才是指从事艺术与文化、设计、媒体等领域的富有创造力、技能与才华的专业人才。赵延芳（2012）认为，文化创意人才是以自主知识产权为核心，以"头脑"服务为特征、利用专业或特殊技能创造高附加值的文化产品或服务的精英人才，具体分为创意生产者、创意策划者、创意成果经营管理者3类。

由于我国对创意人才的研究起步较晚，实际使用中与其相近的概念纷繁芜杂，诸如"创新人才""知识型人才"等。笔者认为，创意人才是介于创新人才、知识型人才之间的一个概念。创意人才是具有创新意识、创新精神、创新能力，具体从事创意（文化创意、科学创造或经济创意）生产、策划、经营管理与传播的劳动力群体。随着创意产业逐渐与制造业、服务业甚至是传统农业的融合，创意人才的边界将越来越模糊，大量从事体力或是重复劳动的群体都有可能加入创意人才这个群体。

（二）创意人才的特征

国内外学者对创意人才特征的研究主要集中在与传统产业人才的差异性比较上，总体而言，创意人才在性格特质、心理需求、价值取向、行为方式和工作成果方面存在诸多明显的特征。

1. 创造性强

创意人才大部分都拥有较高学历或技术水平，在思维能力、认知能力和动手能力等理性能力方面比普通员工突出高智商的工作也决定了创意人才对抗压能力的要求较高。创意人才具有较强的创造性，能充分发挥创造性思维深入洞察技术奥妙，积极主动识别市场机会，创新商业模式。尽管创意人才从事不同类型的行业，身处不同的工作岗位，但他们都富有想象力和创造力，能够通过创造性工作抢占商机。

2. 注重团队合作

在知识经济时代，创意产业发展日新月异，新思想、新技术、新方法、新产品层出不穷，创意产业空间聚集和产业集群协同创新的趋势日益明显。创意产业发展与壮大不仅依靠创意人才个人和单个企业努力，也有赖于创意人群的团队协作和创意企业的协同创新。创意人才不仅具有突出的创新精神和业务能力，也具有较强的团队合作精神。在尊重个性、自主的同时，也要通过团队合作和协同创新，以共享的组织文化和产业发展目标激发员工个人的创新精神和团队协作精神。

3. 轻规则、敢挑战

为了和专业发展保持一致甚至领先，创意人才需要不断更新知识。他们往往能够通过自我学习和团队合作来组合新知识、新方法，从而推

动创意源的革新。然而，重创新的特性也决定了创意人才崇尚个性、自由、竞争、宽松和开放的环境，不愿意受规则或权威的约束。创意人才具有一定风险意识和创新精神，敢于突破陈规陋习，勇于挑战技术权威和知识权威，经常以新思想、新技术和新方法开发新产品、开拓新市场、开创新局面。

4.求发展、好流动

创意经济本身是富有流动性的新兴经济形态，不再将人们限制在出生地、成长地或受教育城市，创意工作没有固定的程序和步骤。创意人才喜欢开放、多元、包容的城市社会环境，注重自我认同、自我发展和自我价值的实现。与普通员工比较，创意人才自我价值导向更为突出，内在需求呈现多样化，更加关注专业特长的发展和工作成就的认可。一旦企业忽视或不能满足员工的高成就需求时，他们便会跳出原单位，寻找更广阔的发展平台。美国职业培训与开发委员会在1983年把工作生活质量界定为，"工作生活质量对于工作组织来讲是一个过程，它使该组织中各个级别的成员积极地参与营造组织环境、塑造组织模式、产生组织成果，这个基本过程基于两个孪生的目标：提高组织效率，改善雇员工作生活质量"。创意人才重视工作生活质量，在积极、努力工作的同时，致力于追求工作生活质量的提升。对于企业组织管理者而言，要努力改善创意人才的生活福利、薪酬待遇、工作环境、员工关系，以扩大员工参与决策、促进创意人才的职业生涯发展为手段，达到提高生产率和员工满意度。创意人才重视工作的意义、灵活性和挑战性、同事的尊重、技术要求及自我价值的实现。

随着信息技术的突飞猛进，办公自动化程度不断提高，创意人才对工作时间和工作场所安排的自主性、灵活性的要求不断提高。创意人才对城市生活条件有较高的要求，便利、良好的城市生活条件能够吸引创意人才，激发创意人才的工作热情。

二、文化产业人才

文化产业人才，从产业链的角度可以分为三类，即文化创意型人才、文化经营型人才和职业技能型人才。

（一）文化创意型人才

文化创意型人才也称核心人才，主要从事内容的创作和设计制作，这是文化产业价值体系中的核心部分。这类人才的核心特征是其文化的创新性，就是一种将抽象的文化直接转化为具有高度经济价值的文化产品的创造能力，可称为"专长"。对这一类人才的基本要求是工作性质具有创造性、文化和艺术素养较高、知识结构和能力结构呈复合型、具有敏锐的市场意识、团队归属具有流动性。

（二）文化经营型人才

文化经营型人才能够对产业环境进行科学的评估和把握，从而制定出企业发展的战略，选拔创意人才，对策划、设计、生产、包装、销售等各个环节进行规划、统筹和运作，并能站在行业的角度审视本企业的发展方向，及时调整经营策略。同时，这种人才还要具备一定的资本运作能力，熟悉金融领域，同时又有较高的文化产业投融资水平。

（三）职业技能型人才

职业技能型人才应该具备从事文化产业所需要的基本理论和知识，具有较强的理解力、执行力和组织协调能力，同时具有丰富的实践经验和专业技能，具有处理和解决实际问题的能力，具体负责和执行文化产

品的制造、销售和推广。

　　前两类人才属于文化产业的高端人才，在整个文化产业从业人员中属于少数，但具有较高的附加值；后一类人才属于文化产业的中端人才，在整个文化产业从业人员中属于大多数，是文化产业劳动力的主体，是把文化创意转变为文化产品，并进行营销推广的主力军。

第二节

我国高校文化创意产业人才培养模式

一、课程设置

我国高校课程设置上有严格的教学计划，教学计划由学院来执行，要求每个学生一步一步地按照学校课程计划来选修课程，学校课程设置由选修课、必修课等构成，选修课包括通识课程、专业课程，必修课包括通识必修、专业必修。

（一）通识课程

我国原本没有"通识教育"这一说法，课程体系一般以各类必修课和选修课来加以区分，由于国外发达国家通识教育培养的成功，我国引进其概念，我国的通识课程一般放在公共选修课中进行，但也会有强制性必修的通识课程，无论选修，还是必修，通识课程占总体学分比偏低。在选修课程上也会开设人文、艺术、自然等能开拓学生创新精神的课程，但一般情况下，可供选择的选修课程范围相对狭窄，在通识必修课程上，两课等政治倾向明显的课程占比多，通常这些课程在中学阶段已经反复开设过，大学阶段被迫重复学习，学生上课只是为了完成学分要求。例如，三峡大学某管理类专业要求学生需修满145学分方可毕业，通识课程共有14学分，占了1/10，其中必修课（含两课类）占了8学分，选

修课占了 6 学分；清华大学四年制的建筑学院"建筑专业"及建筑技术科学系"建筑环境与设备工程专业"的本科生课程设置，毕业要求学分 175 分，其中文化素质课（通识课程）为 13 学分，所有的课程分为哲学与伦理、历史与文化、语言与文学、艺术与审美、环境科技与社会、当代中国与世界、人生与发展、数学与自然科学 8 个课组，要求学生从这些课组中选修；武汉理工大学在培养拔尖型工业设计人才时，规划的课程计划中要求学生毕业学分为 203 学分，其通识选修的文化素质教育课分为大学生学习与生涯指导课程、人文文化课程、科技文化课程、艺术课程、拓展类课程 5 个模块，要求学生至少选修 9 学分，前 4 个部分中的课程都必须选修到；浙江工业大学的工业设计、动画专业、公共艺术等专业，2013 级学生的人才培养计划其通识课程均为 48.5 学分，剩余的学分可供学生自由选择。一些高校在课程实施上开展所谓的通识教育，要求学生选修通识课程，意在培养文化创意相关专业学生的人文艺术情怀，发展学生的学习兴趣，开阔学生的视野，增长学生科学技术知识，但通识课程选修学分有限，供选修的通识课程也有限，通识课程缺乏合理体系，对于文化创意相关专业的学生来讲，该类通识课程只是零碎的几门课程，课程之间不能有机进行优化组合，学生上课只能浅显地了解单科课程的皮毛，不能很好地深入探究学习，导致我国实施通识教育的高校其通识课程不能完全实现最初的愿望，人才培养效果大打折扣。

（二）专业课程

专业课程方面，学生需要按照学院的规定修习相应的专业课，无论必修，还是选修的专业课程所占总体学分比例较高，专业课课程内容多，专业课程相关度较高，专业选修的选择余地较小，专业课学习周期长，一般学生一进校就进行长时间的专业课程教育，专业课程教育时间长达4年之久，对于培养专业技术人才而言，这样的课程设置能培养学生较强的专业知识。目前，我国高校大多数都在专业课程上有以下3种模式（以动画专业为例）：第一种，2年的专业基础美术技能学习＋1年专业基础理论＋1年专业基础应用技能学习，多见于我国综合类高校及综合类艺术院校，着重普适性美术基础技能的学习；第二种，3年专业基础应用技能学习，多见于我国专科类学院的课程，这类学校基础课在第一学年，后2年由专业基础课和专业课构成，第4年加深专业课学习进公司实习，培养的学生人文艺术素养不高，但软件实际操作应用能力娴熟；第三种，培养方式周期更长，采用递进式的培养，即从本科到研究生再到博士生的递进式培养，本科阶段注重动画应用课程，以应用为主，研究生阶段以理论学习为主，博士阶段目前只有北京电影学院和中国传媒大学有，注重人才培养的进一步提升。总的来讲，我国一些综合院校的动画专业的课程设置，各院校的学年课程顺序不同，但课程结构大致相似，基本都是一、二年级设计课程大同小异，某些少数课程分配不同，第3年以后才在专业方向上有些许区分。对于文化创意产业其他专业人才的培养，我国高校普遍没有做出很大的区分，将文化创意相关专业的学生与其他学生打包一起培养居多，长时间的专业课程培养占据了文化创意学生学习其他科类知识的时间，同时旧的知识的学习不利于文化创意相关专业学生的新知识、前沿科技相关的学习，较大地限制了文化创意相关专业学生的创意思维。此外，由于同一个专业学生选课范围较小，大部分的学生在专业课程选择上趋于一致，这种捆绑式的专业课程设置将个性不同的文化创意学生培养成了统一的专业知识学习的"学习机"，学生很容易陷入千人一面的情形，不利于学生多元化的发展，影响学生创新创意能力在实际生活中的发挥。

但在开拓文化创意优质人才的专业教育培养路上，我国一些重点大学做出了相应的尝试，例如浙江大学的竺可桢学院重在培养优秀的学生，学生经过一年的大学学习，经过申请和选拔，将不同专业不同学院的优质学生组合到一起，独立形成学院，竺可桢学院设计创新班的学生被要求学习广泛的通识课程，掌握广泛的人文、社科、自然、艺术相关的知识，形成广泛知识学习的基础，后期进行深一度的专业学习。其专业学习多元化趋势明显，安排适当，体现了专业特色，其教学模块被分为艺术与设计、研究与方法、管理与策略、轴心课程、讨论与专题，具体见表6-1。不难看出，竺可桢学院设计创新班的学生在专业学习阶段学习的内容广泛，有基础理论、相关管理、交流实践，等等，能够满足其专业学生的专业学习需求。

表6-1 浙大竺可桢学院设计创新专业课程计划

教学模块	课程名称	学分	周学时	备注
艺术与设计	设计与视知觉	2	2~3	必修
	造型研究	2	2~3	
	创意思考	1.5	2~3	
研究与方法	设计构成	2	2~3	
	技术构成	2	2~3	
	需求构成	2	2	
	文化构成	2	2~3	
管理与策略	设计策略	2	2	
	设计管理	2	2	

续表

教学模块	课程名称	学分	周学时	备注
轴心课程	用户体验与产品设计	2	2	必修
	信息产品设计	2	2	
	整合与创新设计	2	2	
	团队设计	4	4	
讨论与专题	创新团队与国际工作营	1.5	2	实践（选一）
	企业实习（短学期）	1.5	2	
	计算机辅助设计	1.5	2~3	限选
	艺术专题	1.5	0~2	选修
	人体工程科学	1.5	0~2	
	时尚设计专题	1.5	2	
	人机工程专题	1.5	0~2	
	知识产权法制	1.5	0~2	

规定获证最低学分：29　　最低实践学分：4

注：限选课程计算机辅助设计，主修专业非设计类的学生必修该课程；专题与讨论可以用校级以上科技竞赛获奖替代，学生在提交获奖证书或获奖证明之后可获得学分。

同时，竺可桢学院将不同专业不同门类的学生汇聚到一起上课，增添了课程学习主体多元化元素，有利于学生多元思维的形成和创新创意能力的激发。但纳入竺可桢学院的毕竟只是少数，而且这类班级保持一定淘汰率，这种精英式的文化创意人才培养模式不能惠及大部分的学生，只能说这是一个相对成功的例子，在进行教育改革的路上，我国高校还有很长的路要走。

（三）学生选课

我国学生能够网上自由选课，但这种自由是在一定的范围之内进行，例如在规定的时间内，学生可在网上自由申报选课，但网上开设的课程数量不多，学生可选范围非常狭窄，有些选修实际上是以必修的形式强制要求学生选择的。例如，在某校某一文化创意相关专业的学生人才培养课程体系中，某部分专业选修模块有 18 个学分的课程，该模块课程内容不一，要求学生选修 15 学分作为选修课，很难说这样的选修课是真正意义上的选修，这种选课限制约束了学生的个性发展，只能根据学校的规章制度来选课，对于文化创意产业专业的学生来讲很难培养他们的兴趣和特点。其他一些选修课程，开课教师资源有限，上课人数较多，教师无法照顾到每一位学生的发展，同时因课程教师资源缺乏，学校考虑各方面因素会出现因选课人数不足而取消课程的现象，未能完全按照学生的选课意愿开展选修教育，文化创意相关专业学生本身就具有个性特征明显的特点，对课程选择也会呈现出差异化趋势，选课数量和制度的限制将不能完全满足文化创意相关专业学生的选课需求，打击其发展个性求异的天性。

二、专业设置

（一）文化创意相关专业

设置专业的目的在于培养专业人才，使人才毕业后能适应社会、适应区域经济发展，我国高校在专业设置方面自主权缺失严重，专业变更须走政府流程，若专业设置权限迟迟下不来，将直接导致专业发展受限，滞后于社会经济发展需要，而新的相关专业不能迅速成长。我国高校专业设置还存在稳定发展，不求创新的现象，专业一旦设置就很难更新和调整，对于传统的文化创意产业相关专业，例如舞蹈学、广告学、新闻学、艺术学、艺术设计、工业设计、计算机等专业的学生，其专业发展变化较小，因发展历史长久，面临着更新课程内容、改进教学方法方面的问题，新的相关专业或分支方向没有形成全新的文化创意专业发展体系，只能在其他专业下延伸发展。此外，对于一些与时俱进刚刚开设的文化创意产业类专业，例如动画、多媒体艺术等新兴专业，因发展时间短、发展不健全，专业存在很多问题，需要进一步加强专业建设。同时部分文化创意相关专业的设置也呈现不均衡发展态势，一些基础的、原创性的如动画设计、工业设计等专业设置普遍，但涉及偏创意管理方向的专业；文化产业管理、会展经济与管理、体育文化产业管理等，不仅有专业设置的院校较少，学生修学该类专业的也不多，导致文化创意相关整体专业发展不均衡。

目前，我国大部分学校都还没有设置专门的创意学院、创意产业专业，文化创意专业的学生大都分散在其他学院其他学科门类下发展，新兴的创意专业没有得到相应的发展，我国一些出类拔萃的院校已经设置了创意学院，如上海戏剧学院的创意学院，其他一些学院设置了文化创意专业，但就其归属问题则相对混乱，例如中国传媒大学将其归属于经济与管理学院，中央财经大学将其划归入文化与传媒学院，山东大学将其归属于历史文化学院等。综上所述，我国高校在文化创意产业及相关专业发展上还是做出了些许尝试性的改进，但大部分学校还没能够根据社会经济发展现状及时调整和更新专业设置方向，不注重专业发展的前瞻性研究。

（二）学生转专业

在我国高等院校，专业是一个固化的教育范畴，教育活动和要求都是根据专业来设计和组织的，学生在入学前就要选择一个专业，而且确定之后无论你多么不喜欢或多么不适应，一般都不能更改。近年来，一些院校实行了转专业制度，但学生在转专业中也有许多硬性的条件限制，如转专业次数、转专业时间、转专业考试、学分绩点、转专业相关度要求等限制，其实质就是限制学生在不同的专业之间流转，即使是转专业成功的学生，有一部分学生也因为不能适应新专业的教学而落后，却又不能重新选择专业，这种制度限制了学生的发展需要，也限制了学生的求学思想，不利于学生的创新创意思维的发挥。例如，我国某大学对所有学生包括文化创意产业相关专业学生转专业的要求有：转专业只能在大一下学期结束前提出申请，提出申请后还需要对申请人的身份专业等进行审核，审核通过后需要参加转入专业的考试，考试通过后才能够转专业。过程和要求复杂，有些学生即使有转专业的想法，鉴于各种限制和条件就会打消转专业的想法。文化创意产业的人才本来就追求多样化，我国相对约束的转专业制度，限制了学生多样化的发展。

三、教学方式

关于创新教育的改革，我国教育部已将其上升到国家政策层面了，为响应国家的创新教育改革政策，我国高等院校不断为创新教育做出努力，设置的讨论式、小组式、实践式、工作室制等教学方式更加灵活多变，专业相关项目及工作室的形式已经成为设计类和艺术类的常用教学方式，但文化创意专业，例如文科管理类就相对单调，依旧以课堂讲授为主，以理论学习为主，实践锻炼及项目参与相对较少，这类文化创意专业的学生在教学上，一来课堂实践少、内容不新颖，二来部分教师不能很好地驾驭这种开放的授课方式，学生对这种新型授课方式也不能很好地适应，学生的创新头脑、创新思维在应试教育的习惯下已经被压抑住。总的来讲，传授式的教育在我国依然占主导地位，教学方式比较单一、教学相对死板、学生被动学习、学生以识记为主成为固有的问题，传统教学方法依然是学生学习的主流方式。

传统的教学方式强调知识的传授，却不注重学生动手实践操作能力的提升，学生机械地接受教师所讲内容，课上学生参与讨论的机会很少，实践和操作等除非必须，否则很少涉及，师生相互之间的互动和联系也因此很少。对于文化创意这样的新兴学科专业方向不能沿袭传统的教学方式，为此，中国人民大学金元浦教授经过研究美国的教学方式，提出采用案例式教学或哈佛的商业教学模式，他认为文化创意产业专业是相对可操作性较强的学科，需要采用实际操作的方式来进行教学，促使学生面向实际，同时这也是学生所关心的问题。

四、培养途径

（一）产学研结合

产学研教育是近年来高等院校普遍采用的培养方式，也是培养文化创意产业人才的重要途径，主要是企业、学校、科研机构等一同合作培养学生的人才培养方式，产学研教学最大限度地实现了"三位一体"的教学，将 3 种不同的教学环境组合成为全新的教学培养途径，学生不仅在学校里学习了理论知识，在企业中得到了实际锻炼的机会，还能够在科研机构进行相关的研究工作，了解专业发展的最新前沿。与此同时，学校突破办学条件、开放学习场所、结合专业特点，例如旅游专业，整合产学研教学条件，建立校外实习基地，聘请有多年企业工作经验的管理人员给予学生一定工作指导，促进双赢。目前产学研教育在我国部分高校取得了一定的研究成果，培养了一批具有实践操作能力和经验的文化

创意产业人才，产学研合作也有相对规模，但我国高校产学研教学集中体现了一些弊端：总体合作规模不大，只能有一部分学生受益；因联系人衔接问题，合作不能持续发展，间断性培养对学生的培养造成断层；合作规模不大，能够取得合作的匹配的企业和科研机构毕竟有限，只有部分相关专业才能受益，同时这种产学研培养需要三方联系人的密切联系配合，无论哪一环合作不畅，都将会间断合作，直接导致文化创意专业学生的培养出现断层。

（二）科研计划

为不断拓展学生科研学习能力，我国高等院校也不断地探索和开展本科生科研计划，学习西方促进学生的科研能力和创新思维的发展。清华大学在参考了麻省理工学院（MIT）的 UROP 计划后，在已有的机械、电子等大学生科技竞赛项目的基础上首次提出了大学生研究训练（SRT）计划，该计划一提出就有很多学生积极参与，其培养学生创新创意能力得到了验证。清华大学后来把 SRT 计划纳入了人才培养体系中，着力培养学生的创新创意能力、实践锻炼及综合素质。后来如北京大学的 SRT 计划、浙江大学的大学生科研训练（SRTP）计划先后开展，随后中国科技大学、北京工业大学、中国矿业大学、南京理工大学也逐渐设立大学生科研训练项目等，这些大学的本科生科研计划着力培养文化创意专业乃至其他学生的科研能力、动手操作能力、独立解决问题能力、创新创意能力等，但在实施过程中也出现了一些问题，如科研计划覆盖面小、科研计划数量少、科研形式单一、科研经费不足、科研管理机构缺失、教师指导有限、学生参与不足等，总的来说，我国高等院校新兴的本科生各类科研计划不能满足大部分学生的科研要求，只能针对小部分学生，尤其是理工科居多，而文化创意产业相关专业学生能够参与的则更少，我国本科生科研计划无法与西方发达国家科研计划的广度和深度相媲美，实施效果不如西方明显，还需要进一步改善科研计划，加强科研计划对文化创意产业学生的可实施性和可操作性。

（三）合作教学

为能够取得资源优化配置和利用，我国一些邻近高等院校或高等院校内部学院之间形成契约关系，例如，浙江下沙高校园区的几所大学互相借用对方资源，联动培养学生，扩大学生学习交流圈，不同学校学生之间能够在有限自由内互相选课，多样化学习环境，取得文化创意人才培养的良好效果，且不浪费各类资源。这种合作教学是建立在学校学院之间的契约合作之上的，有了这层契约关系，学生就能够在有限规章范围内在本校或本院之外的其他学校或学院进行学习和选课，解决了学校部分资源不足、优势资源需要相互借用等问题。因为处于尝试起始阶段，也存在一些小问题，如培养的文化创意学生在各校有不同的培养方案，在选课上存在差异，同时要配合学校的培养工作，按照学校合作的相关条约规定执行，这种学校间的合作还存在合作不彻底的情况。借用其他学校资源需要有一定的交换条件或其他代价：学校内部更倾向于学生选择自己学校的课程或资源，学生在合作课程的选择上可选性较小，真正的优势资源还不能完全共享，学生不能真正自由地在合作院校内自由选课，等等，最终导致合作的失败。

（四）实践教学

目前，各大高校内部实行实践教学模式，要求无论理工科还是人文社科类的学生都进行实践教学，理工科的学生大多要去实验室，而人文

社科类学生去企业或政府实习单位，设计艺术类学生则大多数通过参加各类比赛项目积累相关经验。文化创意相关专业理工科的学生一般大都有实验室可做项目、进行实验操作，虽然实践教学的质量监控较易，质量能够得到很好的监控，但是其实验效果有差异，有些实验内容陈旧，实验室设备跟不上最新的工艺，有些实验属于验证性、观察性实验。即使有步骤有方法，操作起来不难完成，这类实验也往往缺乏实验的主动性和创新性，不能调动学生创新的能力、分析和解决问题的能力。设计艺术类学生的比赛项目名目不少，比赛品级高低差别，通过名次的排序也能够很好地监控学生在进行实践活动环节中的优劣，但艺术类学生在实践教学环节中有些不能够突破创新的"瓶颈"，实现真正意义上的创新。人文社科类的学生在进行企业单位实习时，存在的问题比较突出，实习生很少能够进入项目的核心层，只能从外部对企业新项目做了解，或者做些基础性工作，实践过程很少存在创新创意的成分，实践成果不容易清晰地通过实践过程表现出来。

另外，我们的毕业设计和毕业论文也属于实践教学的一个环节，目前我国学生尤其是文化创意相关专业学生的毕业设计和毕业论文，主要问题体现在实证研究不足或实证研究深度不够、理论研究过于浅薄、缺乏创新性、研究内容部分与实际生活脱轨严重、虚拟成分较多，原因是进行这类的实践教学在培养成果体现上较少锻炼学生的实践能力、技术创新能力和意识。

（五）工作室制

目前，多数高等院校在培养文化创意产业人才时，将教室搬到了工作室，在教师的指导下，文化创意学生一边工作一边学习。工作室是一种以学生为本，以工作室为依托，以准就业为形式，利用工作室的环境来培养学生适应社会工作环境的一种学习制度，该制度为学生和教师提供了开放的专业交流平台和实践锻炼基地，模拟促使学生和教师能够对接社会企业环境。工作室制完全模拟企业环境和企业的考评制度，规范学生学习，促进学生文化创意能力的提升和文化创意实现能力的提升，这种制度将文化创意学生的职业生涯与校园学习相联系，对学生毕业后迅速适应社会环境、发挥创意才能起到很好的作用。这种模拟环境主要在于学生能够创新学习、激发创意潜能，为培养创意能力、综合素质高和专业技能强的复合型人才提供可能。

第三节

高校文化创意产业人才培养环境

一、人才培养软环境

（一）校园文化环境

高校能不能培养出文化创意产业人才，取决于学校的办学态度和办学定位，重视科学、崇尚真理、不浮躁、不急功近利、能够真正潜心做教育的大学才能培养出真正的文化创意人才。我国高校也注意积极营造校园氛围，以校训为主要方式，根据校训内容开展一系列活动，例如，浙江工业大学的校训是"厚德健行"，在校内开展与学校精神相符合的多次活动，活动以校训内容为重点；三峡大学的校训是"求索"，求索精神源自屈原《离骚》中的诗句，学校围绕"求索"开展学术活动、社团活动等。但目前我国高校这种由校训产生影响的氛围还无法形成广泛的影响力，学校开展的活动以形象、面子居多，传达的高校校训只是口头的说辞，对如何影响学生的言行研究较少，导致高校的校训及校内活动对学生能力的影响不明显，表现在活动只是空有其名而活动开展不彻底，表面上的课外活动只有校训的名头，却无法使得校训的内涵内化为学生活动行动的指南。学生社团活动丰富多彩是目前我国高校孕育创意氛围的突破点，通过开展不同类型的社会活动，创造创意萌发的文化环境，鼓励文化创意专业的学生进行相关创意设计和大胆想象，开展创意活动。

（二）人才培养理念

我国大学的人才培养理念是把学生培养成德智体全面发展，具有某一专业知识、能力的高级专业人才，人才培养过于功利化，将学生当工具来培养。目前，国家提出培养创新型人才的要求，各高校也都提出培养创新型人才的要求，对创意创新提出更高的要求。我国高校也逐步朝创新创意的方向走，国内一些一流高校已经采取措施着力培养学生的创新创意能力，模仿西方发达国家的高等教育做出了很多改进，但大部分学校由于制度理念的惯性，理念创新的要求口头上提出得多，落实困难，再加上我国创新创意方面一直都没有形成一定的习惯，更没有形成有效的创新机制和培养体制，导致我国的政策、理念、活动等在执行和实践过程中还需要加强。例如，清华大学建筑学院建筑学专业本科培养目标是培养符合国家建设需求、了解学科前沿、具有国际竞争力、具备成为专业人才潜力的高素质建筑人才，要求毕业生具备建筑基础理论及基础知识、具有严谨的科学精神和较强的创新思维、具备整合建筑形象思维和逻辑思维的能力，以及较强的设计和实践能力，有社会责任感、职业道德、团队精神、跨专业协调能力和综合管理与领导潜力。但实际落地的建筑专业学生却与培养目标有一定距离，如学生操作能力、设计能力都有一定距离，有企业反映，招聘来的学生需要在企业重新接受培训方可正常上岗。

二、人才培养硬环境

（一）人才培养政策

我国教育部在 1998 年颁布的《面向 21 世纪教育振兴行动计划》中明确指出：高等学校要跟踪国际学术发展前沿，成为知识创新和高层次创造性人才培养的基地。《国家中长期科学和技术发展规划纲要（2006—2020 年）》提出建设"创新型国家"的基本目标，这要求高校在培养创新型人才方面下更大的气力。我国政府推行科教兴国战略，国家非常重视高等教育发展在我国创新体系中的重要作用，相继推行了推动高等教育创新发展的政策，例如"211 工程""985 工程"，以及"2011 计划"，这些工程涉及的大学都承担着培养创新人才的重任，其重点学科和科技创新平台成为培养人才的重要基地，为我国创意人才培养提供了政策和平台保障。

（二）师资质量及配比

我国高校一向很注重师资队伍的建设和提升，不断吸引和引进高质量的学者，目前有各类学者计划，例如"长江学者奖励计划"是高等院校高层次人才队伍建设的引领性工程，但青年教师引进的人才数量、经费投入、奖励计划远远不够。我国高校教师大都从本国教师中遴选，遴选范围广度不广泛，更有直接从本校毕业生中选聘培养的，资格聘任较为松散，缺乏严格的筛选和聘任机制，现实情况是我国高校中令人敬仰的大师级教授凤毛麟角，教授不够国际化。因我国高校教师属于事业编制，俗称"铁饭碗"，教授一旦进入编制，只要不犯错误，一般就没有什么后顾之忧了。我国大部分教师由于没有过多的考核要求和失业风险，若不追求职称的晋升，便可高枕无忧了。这种状态与文化创意产业教师应有的状态完全背离，无法刺激教师进行有益于创意的发挥和创造出富于创新创意素质突出的文化创意产业新生代力量。我国高校教师不存在"非升即走"的西方国家现象，我国高校教师的晋升需要工龄、论文数量，需要学术成就和课题支撑，往往是一步一个脚印地晋升，这造成我国教师整体上流动率不高、新鲜血液不能及时补充、创新创意风气无法正常生长，影响了高校文化创意教师队伍的创新能力和素质的提高。

按常理来说，文化创意产业属于新兴产业，又是知识密集型、创意创新型产业。因此对于文化创意相关人才提出了较高的要求，那么应该对培养文化创意相关人才的师资力量提出更高的要求，可我国现实情况却不容乐观，高校的文化创意相关专业教师及其能力等都存在明显不足。目前全国大部分高校几乎没有形成一支专门的文化创意产业专业出身的师资队伍，大部分教师都是从经济、管理、文化、艺术、传媒等传统专业转岗而来的，学科背景的不纯制约了这些教师在文化创意产业原始知识的专业和系统相关方面的积累，尤其是实践能力的缺失，擅长实践与熟稔相关理论的教师缺额颇多。我国高校的教师普遍存在社会实践经验缺乏的短板，尤其是文化创意相关专业，可以说大部分教师几乎没有企业工作经验，缺乏社会实践经验的历练。同时高校教师队伍中还存在一种特殊现象，行政学术两边模糊不清，有些出色的教师身兼数职，行政和学术两边挑，无法潜心学术研究，而这种身兼数职的教师也因为自身的行政关系在获取学术资源上相对容易，获取晋升也相对容易，这在我国高校中成为普遍现象，干扰了正常的教学秩序，导致人才培养过程中价值理念的偏移。

由于扩招，我国高校教师数量严重不足，截至 2018 年，总体生师比

一直存在较高的情形，稳定在17以上，并有缓慢增长的趋势。我国高校总体生师比的情形目前已经高于国际水平，呈现出教师人数不足的现状，而文化创意产业人才的培养与普通人才的培养相比更加注重教师与学生之间直接的交流和沟通，更加偏重小班化甚至"一对一"的教学，如艺术类的乐器相关专业，一般实行"一对一"的教学。从我国高校总体生师比居高不下的数据及文化创意产业需要更多更充足的教师资源的客观现实，我们可以推断出文化创意产业相关专业的生师比面临更为严峻的现状。

三、人才学业评价

目前，我国高校对学生的学业评价普遍单一，以课程和综合测评、毕业考评为主，文化创意专业学生的评价与其他专业学生的评价体系类似。

课程评价是课程期末教师对学生进行的评价，往往在课程结束时教师用一张试卷来决定学生一学期的课程成绩，很少会考虑到学生在学期课程中的其他表现，这一张试卷以闭卷考试为主，以半开卷、开卷、论文为辅，教师的试卷考点多与识记背诵相关，创造性开放性问题较少，一般而言，只要能够记下教师上课所讲的内容，几乎都能取得好的成绩。近年来，随着教师教学观念的转变，有些教师改变了考核方式和内容，采用更加开放的考核方式，有的设计类专业将学生参与竞赛、参与工作室实习纳入考评，有的将课程表现、作业情况等纳入考核范围，但教师的评分还存在模糊性，没能真正地将考核标准落实，大多数的考核依旧以最后的期末考试成绩为主，所以一到考试周，学生拼命奔向图书馆成为我国高校内一种普遍的现象，这种重视结果的考核使得学生看重结果而忽略过程，"临时抱佛脚"成为常态。

综合测评是学校对学生的评价，每学年一次，评测往往使用一套类目繁多、标准统一的测评体系，通过德、智、体、实践等各项能力之间的一定权重关系形成一整套综合测评学生素质的体系，这个结果目前多用于年度学生评优评奖的评选依据，描述学生在一整学年的各类表现及与其他同学的竞争优劣对比，测评各项缺乏对学生特有的素质方面的描述，更没有通过测评真实地反映学生某方面的特长，进而促进学生个体通过外部环境及学生个体自身的努力得到继续发展。这样的综合素质测评缺失其描述学生特质、发现学生特质、发展学生特质的功能，测评本身因结果导向而功利性过强，沦为评奖评优和学生之间竞争的工具，对于培养文化创意产业人才的独特性特质没有体现出优势，反而是这些偏向共性的指标，引导学生偏向指标规定项目内容发展，只能用已获得的奖项来证明自己在学校的成绩。综合测评在评价功能上，过分强调甄选和选拔功能，以评选三好学生、奖学金为主要依据，而忽视激励和反馈功能。在评价内容上，注重智能的评价，如课程成绩等；忽视其他方面的表现，如学生的个性特色的加分项。

对于学生的毕业而言，我国采取的是严进宽出原则，只要学生按照课程计划修学完成毕业设计或毕业论文，按照学校规定就可以拿到毕业证书和学位证书。很多学生在大学里虚度光阴，这种学业评价体系不仅不能充分调动学生的积极性和主动性，也不利于培养他们的个性和创新能力。

四、教师评价

当前，我国高校对教师评价的制度在评价内容和评价标准上出现了

偏差，表现为单一化、功利化的特点，高校对教师以统一化的标准来衡量，制定相应的指标，一般化的考评以教学和科研为主，教学评价包括教学课时数、学生对教学的评价、教学论文、教学内项目研究等；科研评价包括科研项目、科研项目层级、科研项目资金、科研论文情况、科研成果获奖情况等。

第四节
构建我国高校文化创意产业人才培养模式的可行策略

面对我国文化创意产业的快速发展与文化创意产业人才相对短缺的矛盾，我国高校承担着培养文化创意产业人才的重要使命与责任，在实施人才培养的过程中出现些许偏差，因此，提出我国高校文化创意产业人才培养的新策略成为我国高校面临的重要问题，笔者下面对我国高校在文化创意产业人才培养上提出一些参考性建议。

一、文化创意产业人才培养模式的构建

（一）完善课程设置

1. 拓宽通识教育课程，优化通识教育体系

根据我国高校的文化创意相关产业人才培养实际情况，适时对通识教育课程进行调整和更改。对文化创意专业学生全面实施通识课程教育，建立灵活开放的通识课程体系，增设多样化通识课程，增加通识课程在总学分中的占比，尤其是扩大文化创意专业学生课程计划中通识选修课的占比，适当减少通识必修课程所占比例，另外能够为不同专业学科背景的文化创意人才开设小班化、个性化的通识课程，进行通识课程的小班化教学，开阔学生多元化的通识知识视野，为学生提供历史、哲学、数学、经济学、社会学、人类学、地理、政治学、现代科学、医学、生

物学、化学、美术、音乐学、文学等方面及各类跨学科通识课程。通识教育是广博的基础教育，不能因为其广博的知识内容而失去了针对性的要求，针对文化创意专业学生的通识教育更应该有目的性和针对性，为学生搭配设置科学合理的通识教育课程体系，满足各类学生不同的需要，实现学生差异化个性化发展，提高文化创意产业学生的文化素养和人文情怀，拓宽其文化创意思路。

2. 增设文化创意产业专业课程

高校综合开设文化创意产业专业，专业课程设置由熟悉专业知识和市场情况的教授牵头，以企业代表为辅，提出符合市场需求的建议，及时调整文化创意产业专业课程内容和方向专业课程内容。以培养和挖掘文化创意产业人才专业创新创意能力为目标，以学生能将所学应用、实践到日常生活及文化创意工作之中为培养宗旨，根据市场与社会的需要，跟上社会发展步伐，有效引导学生进行特色化学习，使每个学生都能在不同的工作岗位上发挥最大的潜质。专业课程除理论学习以外，还应该增加专业社会实践，例如各项创意实践活动、相关专业的项目设计等，增强人才文化创意能力和实际动手操作能力，同时还应该增强专业实践课程学分制度的灵活性，如将学生参与各类展会及创意项目比赛获得的奖项折算为专业实践课程学分，使文化创意专业学生以更高的积极性参与各类创意比赛项目中，激发他们创意创造的灵感。

3. 实现选课自由，推进试听制度

为文化创意专业学生设立选择范围相对广泛的课程选择体系，实现课程选择自由。建立完善的课程管理体系和相对成熟的各类人才培养机制，开放课程选择权限，放宽选课限制，增加多元化的公共选择机会，注意积极引导学生正确选课，科学合理利用学校的课程资源。实现学生

选课自由，一方面要增设全面的通识课程、专业课程、实践课程，增加学生的兴趣爱好，培养学生的好奇心特质，提升学生的创新创意能力；另一方面要减少选课的限制，扩大学生选修课的选修范围与比例，减少设定具有我国教育特色的政治课程为统一必修课，而将其纳入选修范围。为更好地实现凸显自由化选课，可以考虑在选课前两周设立试听制度，发给学生课程相关资料，学生参考课程内容选择自己想要学的课程进行听课，培养学生的好奇心，培育创意学生的兴趣爱好，以确保其能够适应和喜欢该课程，对于听课后不喜欢的课程能够及时退掉，保证了学生上课质量和兴趣。同时学生能够给教师提出更多有关课程的教学意见，方便教师与学生在课前更好地沟通和交流。

（二）优化专业设置

1. 促进专业交叉融合发展

文化创意产业相关专业是新兴的专业，在专业设置及建设上，注意发挥文化创意专业对相关专业的带动作用，拓宽各相关专业及文化创意专业的发展路径，积极鼓励文化创意及各专业学生进行相互交流和合作，扩展文化创意产业学生的知识面，形成文化创意专业学生多元化思考方式。通过淡化相关专业间的界限，实现多专业的融合发展，鼓励交叉领域的相关专业创新交叉发展，大力支持建设交叉领域的研究机构、科研项目，建立交叉学科专项基金，资助多种形式的跨学科、跨组织、跨领域的科研项目和产业学术探讨，加大文化创意相关交叉专业和新兴专业的形成及建设力度。在建立文化创意产业相关专业的基础上，能够逐步形成文化创意产业学院，支持文化创意产业及相关专业独立发展，拓展文化创意产业专业的影响力。文化创意专业设置要依据社会经济发展与社会企业需要，走与社会与国际接轨结合的道路，培养出的人才能很快适应社会企业发展需要，同时专业设置应根据社会需要分层设计，譬如文化创意管理、企业管理等这类专业与原创设计类专业及其他相关专业应该均衡匹配发展。

2．放开转专业的自由

修改原有的转专业限制条款，使转专业的流程更自主化、自由化。文化创意专业学生在入学时选取大门类的专业，不设定具体研究方向和专业方向，学生在头两年的每学期都有更换目前专业的自由，转换专业需要提出书面申请、签署更换条款，明确只要学生能够顺利完成最后确定专业的课程学习要求、获得相应学分，综合素质能力能够达到该专业的毕业要求标准，学生就可以毕业。这种放权模式并没有放任学生随意更换专业，而是要求学生对自己所选专业更加负责，放宽转专业限制使学生拥有更多的学习主动权，积极探索自己更加偏好的专业，调整自己的发展方向，以更加专注的态度对待自己的各类课程。给文化创意类学生专门配备生活学习辅导员，对自己专业方向不确定的学生，辅导老师帮助学生挖掘其学习兴趣和擅长点，引导学生从迷茫走向清晰；对于学习爱好特别广泛的学生，辅导老师安排其进行双学位学习，或者其他形式的学习，积极培养和发展学生的综合素养。

（三）改善教学方式

1．推行小班化教育，营造启发性学习氛围

逐步改变大班教学通常采用灌输式的授课方式，转变为小班授课、个性授课，充分发挥学生的主观能动性和积极创造性。因为小班授课能增强教师与学生的联系、缩小师生之间的距离，课堂上的学生能得到授

课教师更多的关注，教师能够针对班上每个学生的情况进行课程辅导。小班上课形式灵活多样，容易创造启发式的学习氛围，主要通过以讨论为主的教学方式达成，辅以其他教学方式，课堂讨论通过对课程问题进行讨论，深化课程讨论内容，锻炼学生独立思考、思辨的能力，培养学生开拓创新、锐意进取、创新批判的精神，以及语言表达沟通的能力，以这种教学方式促进学生与教师良好学习交流关系的形成。将课堂教学以教师为中心转变为以学生为中心，实现由教师引导，学生主动学习、启发式学习的教学环境，教学课堂更加宽容和人性化，教师和学生关系平等，一同讨论问题，教师是学生学习的引导者，创造宽容和人性化的课堂氛围，使学生成为课堂学习的主人，在轻松氛围下更加容易激发学生的创新思维和学习激情，调动学生学习的主动性。

2. 拓宽教学方式，加强信息化技术支持

创新课程授课途径，重视多途径授课及多手段授课，课堂教学采用讲授、小组讨论、师生问答、自习、探讨会、学习沙龙、茶话会、实验课、实地考察、项目研究、案例课、模拟演示、创业设计等途径授课，教师针对不同的文化创意学生群体采用多样化的方式进行授课，吸引和培养学生的学习兴趣，例如，对于游戏艺术设计人才的培养，更注重其技能和素质上更多的差异化表现。因此在人才培养的教学过程中采用案例模仿、创意项目贯穿、企业项目与竞赛参与、个性激发、多元训练、团队协作、关注动态、创新实践等教学方式。多样化的教学方式不断激发学生学习兴趣，开拓学生对环境的适应能力，不仅提高了教师的上课要求，也要求学生能够不断适应教师的授课风格和方式，更重要的是学生课前必须认真研读教师讨论话题的相关资料，总结并创新性地提出自己的观点，才能更好地配合教师讲课和课堂讨论。多样化的教授风格是

文化创意产业相关专业对教师的新要求，也是对学生适应新变化、新方式的考验。

多途径的教学离不开现代科技的发展和支持，充分利用便捷的现代信息技术，给予学生更多的学习空间和学习内容。添置智能化的信息技术应用设备，将信息技术应用到日常实体教学中，同时利用信息技术增加虚拟课堂在实体课堂中的分量，将课堂从单一的实体转变为实体虚拟相结合的课堂，拓宽了学生的学习途径，方便学生学习与补充学习。信息技术的使用不仅适应现代社会教育的发展，更能够为学生学习提供海量的知识和便捷的交流平台，发掘学生内在的学习动力与思考，有效促进学生创新能力的培养。

（四）健全教学途径

在进行文化创意产业人才培养时应打破高校人才培养"闭门造车"的固有封闭模式，通过多种教学途径的联合，培养合格的文化创意产业人才。通识基础教育应着力发展，发展学生人生知识底盘，丰富学生人生知识累积，培养个性突出、知识结构全面的文化创意产业人才，扩大通识课程的选择范围和通识课程学分占比。同时通识教育要注重个性化的发展，为相关文化创意产业学生专门开设内容独特的通识课程，促使学生获取更多的人文素养和知识储备，为文化创意能力的迸发积累素质基础。大力开展实践教学环节，建立实践教学基地，强化高校与企业的联系，促进实习等的落实，实现文化创意专业学生的工作室制，突出导师与学生的专业联系，加强文化创意专业学生相关实践的锻炼，将理论运用到具体实践中，促进理论与实践相互转换，着力培养学生灵活创新、实践运用、分析解决问题的能力，构建理论实践相结合的教学体系，避免走入目前我国高校人才培养"重理论，轻实践"的误区。针对文化创意专业研究型学生，要增加其参与科研训练计划的机会，将偏好理论研究的学生加入大学生科研训练计划中，提高文化创意专业学生的科研能力，为文化创意产业培养具有科研素质的产业人才。产学研合作教学应扩大各方合作主体的合作基础，形成稳定的合约关系，促进合作体系的完善与发展，让更多的文化创意产业人才进行实践锻炼、创新研究等，促进复合型、应用型、创新型文化创意人才的成长。跨院校合作教学应该重点发展，各学科、各学院、各高校合作办学共享教学资源，共同应对教学资源短缺的情况，不仅减少教学成本，更能加强思想交流和碰撞，促进人才培养，发扬共享精神，促进共同进步，但必须加强合作教学过程中的合作基础。我国文化创意产业人才培养的过程中还应该走国际化路线，与国外高校、企业、团体、科研机构等进行合作和交流，积极吸收和学习国外先进的潮流思想，为相关文化创意产业人才创造国际化的交流环境，带来我国文化创意人才与世界创意水平接轨的机会，实现多种创意文化的交流和碰撞。

二、优化文化创意产业人才的培养环境

（一）加强校园文化建设，重视教育理念更新

1.建设优美校园环境，形成宽容文化

注意营造优美校园环境，铸造积极向上的校风。我国高校目前校舍扩张严重，现代化的教学楼等设施较为先进，但缺少校园应有的人文气息，应注意调整增加校园内人文景观的设置和摆放，增加雕像、历史景观等标志性的建设，加强校园基础设施建设，建设便捷的校园生活环境，同时加强校园绿化程度，建设美丽校园，为现代化新校园补充人文气息，

营造良好的校园环境，陶冶学生的情操，引导文化创意专业学生进行相关创意创造。

我国高校的校园文化内涵并不比国外的校园文化弱，只是国内校园文化对学生的影响力不够，弱化了校园文化对学生的影响。高校应积极进行校园文化建设，引导校园文化更加标新立异，培养差异化的人才思想，扩大校园文化对学生的影响力。开展校园活动以深化拓展校园文化为中心，积极探索校园文化建设的新方向。同时要建立相对宽容的校园环境，根据佛罗里达的"3T"理论，研究表明，在美国有创造力的人喜欢住在技术、人才和包容性即"3T"指标靠前的城市，文化创意产业人才喜好聚集在宽容、基础生活设施便捷的环境中。因此在校园文化环境搭建的过程中，需要注意建立由上而下的宽容的环境，用宽容的态度鼓励学生创新，鼓励学生迸发各种创意思维，如同麻省理工学院对待其恶作剧的学生那般宽容，对学生的各种创意恶作剧活动持支持态度。同时注重完善校园基础设施建设，增设文化创意专业人才生活和工作需要的设备和工作条件，减少文化创意专业学生萌发创意的障碍。

2. 形成以人为本，培养特色人才的教育理念

德国洪堡和英国纽曼关于高等教育人才培养的理念都认为大学的教育目标在于培养"完人""全人"，"完人"和"全人"在实质上具有一致性，其本质就是要以人为本，发展人的个性。形成以人为本的校园理念，人是校园活动的主体。在越来越重视创新创意的年代里，追求以人为本的价值理念就是追求人性的解放与自由，将人放在了问题的中心，对文化创意产业人才的成长具有重要意义，文化创意产业人才培养的理念就是培养"有创意、能创意、会创造、知识面宽的专业或全面的人"。高校应该以此为人才培养理念，结合高校具有的特质与文化创意不同专业所

应具备的不同能力和要求进行特色化的培养，例如，人文类的学生更加需要提升人文素养和艺术素养，艺术设计类学生更需要凸显创意创造、人文情怀、动手操作等方面的能力，故分门别类地进行多样化的培养非常有益。同时还应注重人才的国际化方向的培养，我国文化创意相关专业学生还应具有国际化视野和世界眼光，能够与时俱进，参与国际竞争，能够与国际接轨，以适应经济全球化发展趋势的国际化人才的培养。

（二）强化人才政策支撑，建设优质师资队伍

1. 加强政策对文化创意产业人才的支持力度

加大政府对高校培养文化创意产业人才的支持力度，制定合适的人才培养政策，配给相应的人才培养建设资金。文化创意产业人才的培养目前还处于新兴状态，我国大部分高校都还没有形成相对稳定的人才培养计划，同时鉴于文化创意产业人才在将来能对国家政治经济的发展起到促进作用，高校文化创意产业人才培养需要政府部门给予足够的支持，作为政府部门应该予以重视，积极制定合适的文化创意产业人才培养政策，支持高校文化创意产业人才培养的进一步发展，从宏观上把握高校文化创意产业的人才培养。具体做法上，从国家层面到地区政府层面，发布相关人才培养支持政策。人才培养上，提供文化创意产业各类人才在培养中需要得到的资源，促进合格高质量文化创意产业人才在高校的生成，利用政府关系沟通高校与企业、高校与高校、高校与政府的关系，建立联系机制，为文化创意产业人才的社会实践或工作室或学生实习提供便利。

2. 改革教师选聘与晋升机制

在高校教师管理上，建立一套完善的选聘与晋升机制，选聘教师时，

扩大教授选聘范围，提高教师竞争的激烈程度，不仅要招聘具有科研能力的人，还应该招聘具有教学能力的人，高校能够破格选取文化创意企业中对文化创意产业有较深造诣的企业领导人指导学生实践和学习，同时吸收和引进在文化创意领域拔尖的学者作为高校的教授及学科发展带头人。在晋升上，教师晋升有合理的考核机制，将重点放在科研学术创新能力和教学贡献力上，鼓励教师多进行教学工作，要求教师特别是学术成果较多、科研能力较强、学术影响力大的教师能够多开展讲座、开设相关学术课程，并将教师的晋升与教学贡献力相挂钩，形成全校范围内崇尚教学的风气，引导教师积极进行教学工作。高校教师制度还应该促成合理的师资流动，以激活师资队伍的活跃程度。激励教师进行学术研究和教学，形成教学与科研并重的氛围。

3. 建设高素质教师队伍

在高校师资队伍建设上，要建设金字塔形的学术队伍，培养有发展潜力、教学科研能力优秀的年轻学术创新人才；重点支持能带动领域全面发展和建设有一定声望科研项目的学术带头人；积极引进高水平、高能力、高声望的行业权威性教授坐镇。对于教师队伍的培养与发展，应该积极开展国内外学者来校交流办讲座，加强教师间相互交流，增强教师实力，提升教学和科研水平，有效提升学校师资的核心竞争力；为保证教师上课质量及与社会接轨，教师需保持知识的更新，增加高校教师的行业经验、项目参与数量、提升教师的创新创意能力与专业前沿知识更新。如：通过鼓励教师去企业挂职锻炼，外出参与行业高峰会议，与企业或行业部分联合开展专业项目研究，以进修、培训、访问学习等途径来提升教师的内在资本和创新创意能力；教师与企业保持紧密联系，必要时可挂职于企业，加强实践锻炼，实现"双师"型教师的演变，或邀请企业专业人士为教师做专业培训，以此开阔教师行业实践相关新视野；同时，注意搭配合理的师生人数配比，提高现有的生师比，逐步与发达国家水平接轨，对于文化创意专业学生的生师比最好能控制在 7 左右，这样保证了每个学生都能得到与教师良好的学习生活关系，有利于文化创意产业人才的成长。

三、提高文化创意产业人才的评价效果

（一）实现学生考核评价的多元化

考核方式上，考核实现课堂表现、课外作业完成、课堂专业知识贡献、教师沟通、课外专业研究、期末考试等一体化的考核，添加考核参照标准，各项具体占总成绩的比例根据不同专业课程要求而不同，通过多元化的考核指标促进学生发挥优势、弥补劣势，促进个性成长。多元化的考核标准要求学生认真对待每一堂课、积极上好每一科目、认真思考每一个问题、积极与教师沟通、认真研究学术问题等。这种多元化的考核也应该体现在学期末的考核上，学期学年考核形成多位一体的考核方式，不拘泥于统一的综合测评，只要学生有长处都可以进行竞选，尊重每一个竞选的学生，注意积极鼓励学生发展自己的特质和兴趣，培养具有特质明显的文化创意产业人才。

对于部分文化创意专业的学生在考核上可以采取"展赛联合"的方式，所谓"展"就是展览的意思，将学生成果以展览的形式表现出来，并现场答辩，不仅便于创意学生之间的创意交流，吸取同学之间的创意，还能提高学生的演讲水平，同时还能形成校园独特的展览文化，促使学生创意发展。"赛"就是比赛的意思，学生能够用自己的比赛作品（获奖）的升级版当作课程作业上交，不仅促进学生积极学习课程，更加深入地

对创意作品进行改造升级，还能够以积极的心态参与到比赛中去，获得更好的比赛成果。"展赛联合"的方式能最大限度地提高学生的创意积极性，促成学生创意生成。

（二）改进弹性学制和出口管理

弹性学制是指打破统一毕业，对于有能力的学生或能力欠佳的学生提前毕业或延缓毕业。目前我国高校普遍实行的是弹性毕业学制，但由于选课不自由，所以部分学生无法实现提前毕业，放开选课限制后，对于有较高学习能力的学生而言，在辅导老师的帮助下提前毕业会成为现实，只要是适合学生发展的都被认为是好的，学生能够最大限度地实现自由发展，弹性学制给了学生更加宽松的学习时间，有利于学生的创作发挥和社会实践相结合发展。在实现弹性学制的同时也实行优胜劣汰，大学也应有大自然普适的"适者生存"价值观，学生经过层层选拔进入大学，在大学里依然有竞争，有能力完成大学学习要求的学生成为合格的输出品，而能力欠佳的学生在经过继续努力超出弹性学制规定后还无法完成学业的则直接淘汰。优胜劣汰的方式，激发学生学习的热情和积极性，促使学生通过各种方式完成自己的学习目标，完成学业，危机意识促成学生更高地要求自我，使其创新创意的能力得到更好的发展和实现。

（三）完善对教师的考核与评价

完善和丰富对教师的评估标准，逐步建立一套与此相适应的教师的评估体系，如教师自评，要求教师对自己的科研和教学进行综合评价。将科研评估与教学成果评估放在同等重要的位置，鼓励教师进行创新教学，鼓励教师给学生讲授学习方法和研究思路，以培养学生的创新精神，培养优质的明显有创新能力的学生。重视学生对教学的评价，开展学生对教师课程的教学反馈，建立教师和文化创意学生的沟通机制，一来考核教师，二来反馈教学，三来沟通学习。同时对教师教学质量进行专家团的客观评价，专家团对教师课程进行整体评估。对教师的评价和评估注重实质和考评结果，对没有达到标准的教师及时告知和警告，对达到标准的教师进行奖励或晋升。

（四）健全毕业生质量反馈机制

毕业生的反馈评价，主要包括两个渠道：一是通过用人单位对毕业生进行能力素质的评价；二是通过毕业生自身进行能力素质的评价。用人单位的评价直接反映高校培养的文化创意学生的社会适应性和工作能力，从侧面反映了高校教育教学水平，通过该评价，一方面高校能够了解自身人才培养的不足，另一方面也能够看出社会用人单位对高校毕业生的能力素质的要求和期许，以调整高校人才培养的计划和内容。通过与毕业学生的联系，不仅对毕业的学生是一种指导与帮助，更可以对学校相关专业的发展起到修正作用。要提高高校文化创意产业人才培养的满意程度，关键在于高校培养的人才能否更好地适应社会经济发展。所以高校在人才培养的过程中，应注意与用人单位沟通交流，获取第一手信息，迅速应用到人才培养过程中。

参考文献

［1］ 钟婷、施雯等:《文化创意产业20年》,上海科学技术文献出版社2017年版。

［2］ 昌隽如:《文化创意产业研究》,天津科学技术出版社2017年版。

［3］ 范小春:《文化创意产业新趋向:浙江省文化创意产业研究报告》,上海三联书店2017年版。

［4］ 湖南文化创意产业研究中心:《文化创意产业》第1辑,中国传媒大学出版社2015年版。

［5］ 王慧敏、曹祎遐:《文化创意产业发展的理论与实践探索》,上海社会科学院出版社2018年版。

［6］ 王景强:《"文化+"的力量:文化创意产业案例研究》,山东人民出版社2017年版。

［7］ 王传宝:《服务外包与文化创意产业升级承接服务外包促进宁波文化创意产业升级研究》,上海交通大学出版社2018年版。

［8］ 杨剑飞:《世界文化创意产业案例选析》,中国国际广播出版社2017年版。

［9］ 卢涛、李玲:《文化创意产业基础》,武汉大学出版社2014年版。

［10］ 狄浩林:《北京市海淀区文化创意产业经济发展研究》,经济日报出版社2018年版。

［11］ 刘元华:《我国文化创意产业法律保护案例分析》,知识产权出版社

2018 年版。

［12］花建:《互联互通的文化创意产业新业态》,东方出版中心 2017 年版。

［13］南振兴:《文化创意产业的知识产权保护研究》,知识产权出版社 2015 年版。

［14］[美]博妮塔·M. 科尔布:《文化创意产业创业学》,东北财经大学出版社 2018 年版。

［15］赵玉宏:《文化创意产业融合发展研究以北京文化创意产业为例》,经济日报出版社 2018 年版。

［16］阎星、尹宏:《传承与创新文创中心建设之文化产业发展》,四川大学出版社 2018 年版。

［17］房研:《中国省域文化创意产业投入产出效率研究》,北京交通大学学位论文,2014 年。

［18］史鑫:《文化创意产业对城市经济增长的作用机制研究》,东华大学学位论文,2014 年。

［19］于良楠:《文化创意产业促进城市转型发展的作用、机理研究》,云南大学学位论文,2014 年。

［20］郝晓青:《北京文化创意产业集聚及其影响因素研究》,北京交通大学学位论文,2016 年。

［21］亓鹏:《旅游文化创意产业园区发展的协同机制研究》,云南财经大学学位论文,2014 年。

［22］马琳:《文化创意产业与旅游产业融合发展研究》,云南财经大学学位论文,2014 年。

［23］刘学文:《中国文化创意产业园可持续设计研究》,东北师范大学学

位论文，2015年。

［24］王秀伟：《文化创意产业视域下的博物馆文化授权研究》，中国科学技术大学学位论文，2016年。

［25］张勇军：《文化创意产业园环境设计中的地域性研究》，广东工业大学学位论文，2015年。

［26］张文艳：《我国高校文化创意产业人才培养研究》，浙江工业大学学位论文，2014年。

［27］曾文豹：《中国文化创意产业发展模式探究》，吉林财经大学学位论文，2014年。

［28］黄天蔚：《文化创意产业集群形成机理研究》，武汉理工大学学位论文，2014年。

［29］王蕾：《打造文化创意产业发展升级版战略研究》，湖南大学学位论文，2014年。

［30］韩佳丽：《文化创意产业与我国服装产业的融合》，天津工业大学学位论文，2016年。

［31］李丹：《上海文化创意产业发展环境综合评价研究》，上海师范大学学位论文，2014年。

［32］郭艳云：《文化创意产业与城市文化品牌塑造研究》，广东工业大学学位论文，2015年。

［33］王欣：《中韩文化创意产业融资比较研究》，哈尔滨理工大学学位论文，2015年。

［34］余倩如：《文化创意产业法律与政策问题研究》，华中师范大学学位论文，2015年。

［35］胡纪纲：《我国文化创意产业效率研究》，安徽财经大学学位论文，

2015 年。

［36］吕淑珍：《以文化创意产业助推中原民俗文化发展研究》，郑州大学
学位论文，2014 年。

［37］黄蓉：《知识产权保护对文化创意产业发展影响的实证研究》，浙江
大学学位论文，2014 年。

［38］刘晓龙：《创业投资基金对文化创意产业投资的风险识别与控制》，
首都经济贸易大学学位论文，2014 年。

［39］周攀：《促进我国文化创意产业发展的财税政策研究》，集美大学学
位论文，2014 年。

［40］尚洁：《文化创意产业集群创新研究》，厦门大学学位论文，2014 年。

［41］兰青：《文化创意产业发展进程中版权制度的支持路径》，厦门大学
学位论文，2014 年。

［42］仲翠霞：《我国文化创意产业融资问题研究》，哈尔滨理工大学学位
论文，2014 年。

［43］王博：《新建型文化创意产业园规划设计研究》，东南大学建筑学院
学位论文，2015 年。

［44］金元浦：《我国当前文化创意产业发展的新形态、新趋势与新问
题》，《中国人民大学学报》2016 年第 4 期。

［45］金元浦：《新常态下我国文化创意产业发展的趋势与问题》，《艺术
百家》2016 年第 1 期。

［46］周世明、刘煜：《浅析数字媒体艺术对文化创意产业的影响》，《数
码世界》2017 年第 3 期。

［47］胡鹏林、刘德道：《文化创意产业的起源、内涵与外延》，《济南大
学学报（社会科学版）》2018 年第 2 期。

［48］李建军、万翠琳:《文化创意产业与城市经济发展互动机制研究》,
《上海经济研究》2018 年第 1 期。

［49］杜亚:《健全完善文化创意产业融资担保的法律体系》,《湖北大学
学报（哲学社会科学版）》2017 年第 3 期。

［50］本刊评论员:《掘金文化创意产业新蓝海》,《江南论坛》2016 年第
2 期。

［51］朱婉宜:《关于金融如何支持文化创意产业发展的探讨》,《潮商》
2016 年第 6 期。

［52］陈玉中、杨国栋:《对我国文化创意产业发展的几点思考》,《文学
教育（下）》2016 年第 10 期。

［53］马凤娟:《国内文化创意产业研究现状及反思》,《文化产业研究》
2016 年第 2 期。

［54］童玲:《文化创意产业发展与创意人才开发研究》,《美与时代（城
市版）》2016 年第 5 期。

［55］祖令:《基于文化创意产业背景的高校艺术教育探索》,《才智》2016
年第 1 期。

［56］徐志奋:《世界先进文化创意产业发展对我国文化创意产业链形成
的启示》,《经济论坛》2016 年第 3 期。

［57］孙午生:《论版权保护制度与文化创意产业的发展》,《法学杂志》
2016 年第 10 期。

［58］易华、玉胜贤:《文化创意产业商业模式创新动力分析》,《现代管
理科学》2016 年第 2 期。

［59］赵晓红:《文化创意产业与图书馆延伸服务研究》,《江苏科技信息》
2016 年第 25 期。

［60］赵军霞、张瑜、李晓霞：《文化创意产业背景下高校艺术设计专业人才培养模式创新研究》，《教育现代化》2017年第8期。

［61］李丽萍、杨京钟：《英国文化创意产业税收激励政策对中国的启示》，《山东财政学院学报》2016年第2期。

［62］赵子越：《对新常态下乡村旅游与文化创意产业融合发展分析》，《福建质量管理》2016年第3期。

［63］李正新：《数字媒体艺术设计在城市文化创意产业中的应用》，《数码世界》2018年第1期。

［64］刘育成、顾逊：《文化创意产业下设计教育中创新性研究》，《南京艺术学院学报（美术与设计版）》2017年第2期。

［65］王哲平、王思齐：《文化创意产业国际化发展的前提条件和战略选择——以世界主要发达国家为研究对象》，《编辑之友》2016年第5期。

［66］卫志民：《文化创意产业发展的现状，制约与突破——一项基于北京文化创意产业发展的研究》，《河南大学学报（社会科学版）》2017年第2期。

［67］李征、王升、崔冰蕊：《论文化创意产业对高校广告设计专业发展的作用性》，《黑龙江高教研究》2016年第4期。

［68］徐振华、赵宇华：《论文化创意产业的"地方化"发展策略》，《包装工程》2017年第4期。

［69］曹宏、刁艳飞：《文化创意产业视野中我国艺术人才培养的问题与对策》，《山东社会科学》2016年第3期。

［70］周锦、张苏秋：《"互联网+"下的文化创意产业的发展模式分析》，《现代经济探讨》2017年第3期。

[71] 马骏:《我国文化创意产业发展模式演变》,《学术交流》2016年第6期。

[72] 黄文学、连红军:《文化创意产业与公共文化服务体系互融发展》,《人民论坛》2016年第14期。

[73] 谭娜、彭飞:《文化创意产业集聚区影响区域文化产业优势形成的实证分析》,《中国科技论坛》2016年第5期。

[74] 韩宝华:《文化创意产业的创意实践系统演化本质》,《上海财经大学学报》2016年第1期。

[75] 易华:《论经济新常态下文化科技融合推动文化创意产业发展》,《学术论坛》2017年第1期。

[76] 侯黎鹏:《新媒体背景下我国文化创意产业的发展困境及应对策略》,《滁州学院学报》2016年第3期。

[77] 刘洛新、王迪:《新形势下文化创意产业企业创新财务管理模式构建研究》,《商场现代化》2016年第6期。

[78] 贺艳:《京津冀文化创意产业协同发展的问题及对策研究》,《理论与现代化》2016年第3期。

[79] 钱楚齐:《中国文化创意产业集群发展实证研究》,《商场现代化》2017年第1期。

[80] 宋晓明、黄鹏、刘文红:《区域文化创意产业市场分类、发展模式与对策》,《中国科技论坛》2017年第8期。

[81] 祖令:《我国文化创意产业发展的政策反思》,《中小企业管理与科技(上旬刊)》2016年第2期。

[82] 荣跃明:《超越文化产业:创意产业的本质与特征》,《中国文化产业评论》2004年第7期。

［83］薛永武:《关于文化与文化产业研究的几个理论问题》,《中国海洋
　　　大学学报（社会科学版）》2008 年第 5 期。

［84］奚建华:《从文化产业到文化创意产业：现实走向与逻辑路径》,《浙
　　　江学刊》2007 年第 11 期。